Das große BUNTE Königskinder BUCH

Inhalt

"Es waren zwei Königskinder ..."

Königskinder sind seit dem Tag ihrer Geburt von Magie umgeben. Sie verkörpern Träume und die Hoffnung, dass Märchen wahr werden können. Wer die Taufe von Prinzessin Estelle von Schweden oder Prinzessin Ingrid Alexandra von Norwegen miterleben durfte, konnte diesen Zauber spüren. Da Thronfolgerinnen und Thronfolger von Beginn ihres Lebens an in der Öffentlichkeit stehen und ihre Eltern Babyfotos und Bilder der ersten Schritte mit ihrem Volk teilen, kann das Gefühl entstehen, dass der royale Nachwuchs irgendwie auch ein bisschen zur eigenen Familie gehört. Und das macht Königskinder so besonders. Sie werden Teil unserer kollektiven Erinnerung. Das Foto einer perfekt gestylten Herzogin Catherine mit Baby George auf dem Arm wenige Stunden nach der Geburt gehört zu den berühmtesten Bildern unserer Zeit. Auch das erste Foto von Prinzessin Diana mit Prinz William ist in die Geschichte eingegangen. Solche Augenblicke machen glücklich und geben uns das Gefühl, dass alles gut werden wird. Natürlich sind Königskinder auch nur Menschen und haben Probleme wie alle anderen. Prinzessin Amalia der Niederlande wurde in der Schule gemobbt und suchte sich therapeutische Hilfe. Ein Schicksal, das Victoria von Schweden ihrer Tochter Estelle ersparen möchte. Die Kronprinzessin wäre fast am Druck zerbrochen, der auf ihr lastete, und wurde magersüchtig. Sie versucht, trotz ihrer zahlreichen Pflichten immer für Estelle da zu sein und ihr ganz viel Liebe zu geben. Dabei kann sie auf die Unterstützung ihres Ehemannes Prinz Daniel zählen. Kate und William haben für ihre Kinder George, Charlotte und Louis ein ähnlich liebevolles Erziehungskonzept. Die junge Elterngeneration an Europas Höfen hat aus den Fehlern der Vergangenheit gelernt und folgt meist nicht mehr der früheren strengen royalen Etikette. Für die Nachwuchsprinzessinnen und -prinzen ist das ein Segen. Dieses Buch wirft einen Blick hinter die Palastmauern und zeichnet die Lebenslinien der zukünftigen Königinnen und Könige nach. Die jungen Royals leben moderne Märchen und lassen uns daran teilhaben. Wünschen wir ihnen alles Glück der Welt auf dem Weg zur Krone.

Stefan Blatt
Mitglied der Chefredaktion und
Ressortleitung Aktuelles/Adel
BUNTE Magazin

Estelle *von* Schweden

Die Bilderbuchprinzessin

Mal angenommen, man könnte sich eine Thronfolgerin backen. In dem Fall sollte Estelle unbedingt als Rezeptvorlage dienen. Denn die junge Schwedin war schon immer süßer als jede mit noch so viel Hagelzucker bestreute Kanelbulle (Zimtschnecke)! Ihr Verhalten: stets vorbildlich, aber nie langweilig. Für ihr zukünftiges Amt bringt sie die idealen Zutaten mit: eine große Portion Strahlkraft, dazu ordentlich Selbstbewusstsein, Einfühlungsvermögen, Fleiß, Neugier, Mut – und eine Prise Verwegenheit. Gerade so viel, dass die aktuelle Nummer zwei der schwedischen Thronfolge auffällt, aber nicht aneckt. Ein Mix, der allen schmeckt!

Name & Titel

Der Name Estelle leitet sich vom lateinischen Wort *stella* ab und bedeutet Stern. Gerade im Hinblick auf ihre starke Ausstrahlung passt das wunderbar. Davon waren allerdings nicht alle überzeugt. Anfangs löste diese Wahl unter Estelles Landsleuten heftige Kritik aus. Aber dazu später mehr …

Die Tochter von Kronprinzessin Victoria und Prinz Daniel heißt mit vollem Namen: Ihre Königliche Hoheit Estelle Silvia Ewa Mary, Prinzessin von Schweden, Herzogin von Östergötland. Ihre Eltern rufen sie allerdings nur kurz Pricken. Ein schwedischer Kosename, der übersetzt so viel wie i-Tüpfelchen heißt. Ein rührender Beweis dafür, dass Victoria und Daniel ihre Erstgeborene nach zehn Jahren Beziehung als Krönung ihrer Liebe empfanden.

Estelle kam am 23. Februar 2012 morgens um 4.26 Uhr bei Nieselwetter zur Welt. Und zwar im Karolinska-Krankenhaus in Solna, gleich nördlich der Stadtgrenze Stockholms – genau wie ihre Mutter vor ihr und ihr zwei Jahre jüngerer Bruder Oscar (* 2. März 2016) nach ihr. Manche Babys werden zur Geburt von ihren Großeltern mit Spielzeug oder einer Kuscheldecke beschenkt, aber Estelle erhielt von ihrem Großvater, König Carl Gustaf, den Titel Herzogin von Östergötland. Das ist eine Provinz gut zwei Autostunden südlich der schwedischen Hauptstadt.

Bei ihrer Taufe am 22. Mai 2012 in der Storkyrkan, der königlichen Schlosskirche in Stockholm, steckte Carl Gustaf ihr den Seraphinenorden ans Taufkleid, den höchsten Ritterorden des Königreiches. Mit dem ehrte er in den Jahren darauf auch all seine weiteren Enkelkinder.

Erste Fotos von Estelle gab der Hof vier Tage nach ihrer Geburt heraus. Die Schweden waren hin und weg von dem niedlichen Mädchen. Das schneeweiße Jäckchen, in dem sie steckte, hatte ihre 1997 verstorbene Urgroßmutter Alice Sommerlath einst für Estelles Mutter Victoria gestrickt.

Über Estelles Liebreiz waren sich alle einig. Jedoch schimpften einige Schweden nach der Bekanntgabe ihres vollen Namens. Silvia und Ewa sind von den beiden Großmüttern entlehnt: Königin Silvia von Schweden (mütterlicherseits) und Ewa Kristina Westling (väterlicherseits). Ewa war vielen nicht royal genug. Und dann noch Mary – nach ihrer Patentante, Kronprinzessin Mary von Dänemark. Da hätte man sich die schwedische Variante gewünscht: Maria.

Über den Namen Estelle wetterte der Historiker und Königshausexperte Herman Lindqvist gleich mit Breitenwirkung im schwedischen Fernsehen. Das klinge wie "eine Nachtclub-Königin", sei "total unerwartet und unpassend".

Daniel und Victoria ließen jegliche Kritik unkommentiert abperlen. Schließlich hatten sie ihre Wahl mit Bedacht getroffen. Der Rufname erinnert an eine Frau, die nicht nur in Schweden Geschichte schrieb: die gebürtige Amerikanerin Estelle Manville (1904–1984). Sie heiratete 1928 einen Vorfahren Victorias, Folke Bernadotte Graf von Wisborg (1895–1948), den Neffen des damaligen schwedischen Königs. Estelle Bernadotte arbeitete mit ihrem Mann beim Schwedischen Roten Kreuz und war beteiligt an der Mission "Weiße Busse", durch die 1945 rund 15.000 skandinavische Häftlinge aus deutschen Konzentrationslagern befreit wurden. 1948 fungierte Folke als Vermittler der UNO im Palästinenserkrieg. Nachdem er einem Attentat zum Opfer gefallen war, unterstützte Estelle seinen Nachfolger und engagierte sich weiter in der Friedensbewegung. In Schweden rief sie eine Stiftung für gelähmte Kinder ins Leben, saß im Kriegsgefangenenausschuss der

Vereinten Nationen und leitete schließlich ein Pflegeheim für Senioren. Sicher hoffen Victoria und Daniel, dass ihre Estelle sich in Zukunft ebenso tough und furchtlos für das Wohl anderer Menschen einsetzt.

Familie & Freunde

Estelles Eltern sind absolute Familienmenschen. Daher war es absehbar, dass zu den fünf Taufpaten ihrer Tochter enge Angehörige zählen würden: Victoria wählte ihren Bruder Prinz Carl Philip, Daniel seine einzige Schwester Anna Westling Söderström.

Neben Mary von Dänemark steht auch Norwegens Kronprinz Haakon auf der Patenliste. Das zeigt, wie sehr die nordischen Königshäuser zusammenhalten. Nicht fehlen durfte zudem König Willem-Alexander der Niederlande, ein langjähriger und enger Freund Victorias. Das Vertrauen beruht bei diesen Royals auf Gegenseitigkeit: Mary, Haakon und Willem-Alexander machten Victoria bei ihren Erstgeborenen ebenfalls zur Patentante.

Man könnte meinen, das sei eine politische Geste. Doch das Bündnis dieser Königshäuser besteht nicht nur auf dem Papier. Willem-Alexander betonte einmal seine besondere Verbindung zu Victoria. Sie würden sich oft treffen, verriet er. Das norwegische Kronprinzenpaar verbrachte zuletzt im September 2021 einen Miniurlaub mit den Schweden auf der Ostseeinsel Gotland. Auf einem Foto, das die beiden Familien im legeren Freizeitlook bei einer gemeinsamen Wanderung zeigt, umarmt Haakons älteste Tochter, Prinzessin Ingrid Alexandra, herzlich die acht Jahre jüngere Estelle. Ihr recht großer Altersunterschied scheint die Mädchen nicht zu stören. Denn es eint

Estelle *von* Schweden

GEBURTSDATUM:	23. FEBRUAR 2012
GEBURTSORT:	SOLNA, SCHWEDEN
ELTERN:	KRONPRINZESSIN VICTORIA UND PRINZ DANIEL VON SCHWEDEN
GESCHWISTER:	OSCAR (2. MÄRZ 2016)
STERNZEICHEN:	FISCHE
HOBBYS:	SKIFAHREN, BASKETBALL, BALLETT, KULTUR

sie etwas viel Wichtigeres: Beide stehen in ihrem Heimatland an Platz zwei der Thronfolge, auf beide kommen in Zukunft ähnliche Herausforderungen zu.

Die Mädchen teilen aber nicht nur Gefühle und Erfahrungen miteinander – sondern anscheinend auch ab und zu den Kleiderschrank. Denn an Victorias Namenstag im März 2022 trug Estelle einen blaugrauen Military-Mantel mit aufgenähten Taschen und doppelreihiger Knopfleiste, in dem Ingrid Alexandra am norwegischen Nationalfeiertag 2013 zu sehen gewesen war. Dublette oder Fashion-Recycling? Victoria ist bekannt dafür, dass sie Kleider ihrer Mutter ausführt und Estelle in sorgsam aufbewahrte Kinderkleidung von sich steckt. Warum sollte ihre Tochter also nicht Outfits von Ingrid Alexandra auftragen? Die hat nämlich keine jüngere Schwester, der sie etwas "vererben" könnte. Und enge Bande sollten sich doch durch Mode besonders gut knüpfen lassen!

Eine Freundin fürs Leben hat Estelle nicht nur in Norwegen, sondern auch in der eigenen Familie: Leonore, die zwei Jahre jüngere Tochter ihrer Tante Madeleine, ist wie eine Schwester für sie. Estelle hielt sie schon als Baby auf dem Arm, es gibt etliche Fotos der beiden, auf denen sie Händchen halten oder sich eng aneinandergekuschelt in den Armen liegen. Prinzessin Madeleine schrieb 2016 auf Facebook: "Meine Schwester und ich haben solch ein Glück als Mütter zweier Mädchen, die sich so lieb haben." Und: "Cousinen sind Freundinnen, die sich für immer lieben werden." Leonore lebt zwar schon lange mit ihrer Familie im US-Bundesstaat Florida – doch sie und Estelle sehen sich jedes Jahr für ein paar Wochen auf Schloss Solliden, dem Sommersitz der schwedischen Royals. Auf der Insel Öland, knapp vier Autostunden südlich von Stockholm, kommt im Juli traditionell die ganze Familie zusammen.

Eine Zeit, von der besonders Estelles Oma Silvia zehrt. Sie sammelt frühmorgens mit ihren Enkeln im Hühnerstall die Eier fürs Frühstück und streichelt mit ihnen Kaninchen. 2018 plauderte sie in der RTL-Show *Guten Morgen Deutschland* über die Momente mit den Kleinen: "Meine Mutter hat immer gesagt, das ist das Dessert des Lebens. Und das ist es auch! Ich genieße jeden Moment mit ihnen." Doch Silvia ist keine Großmutter, die alles erlaubt. In manchen Punkten bleibt sie standhaft. Süßigkeiten gebe es für schwedische Kinder nur samstags, erklärte sie *BUNTE* einmal. "Daran halten sich alle" – auch Estelle. Wer bittet oder bettelt, beißt auf Granit, ließ Silvia durchblicken. "Manchmal fragen mich die Kinder: 'Ist heute Samstag?' Dann sage ich: 'Nein.'" Damit ist die Diskussion beendet, und Estelle muss noch ein bisschen warten, bis sie Schokolade oder das in Schweden sehr beliebte Lakritz naschen darf.

Das Herz ihrer Eltern lässt sich da anscheinend leichter erweichen. Seit Langem träumte Estelle von einem eigenen Hund. Im Mai 2020 wurde ihr dieser Wunsch endlich erfüllt! Victoria und Daniel holten Rio zu sich, einen kleinen Cavoodle. Dabei handelt es sich um eine Mischung aus Cavalier King Spaniel und Pudel. Das Besondere an dieser Rasse: Die Tiere verlieren kaum Haare. Bei Estelle zu Hause ist das wichtig, weil Papa Daniel unter einer Tierhaarallergie leidet. Für seine geliebte Tochter nimmt er die Gefahr einer laufenden Nase oder geröteter Augen auf sich. Aber bis jetzt geht wohl alles gut, und er scheint nicht allergisch auf den kleinen Hund zu reagieren. Glück gehabt! Denn zwischen Estelle und Rio, das ist große Liebe!

Rio muss sich Estelles Herz allerdings mit einem anderen tierisch guten Freund teilen: dem walisischen Pony Viktor. Das schneeweiße Pferd durfte im Sommer sogar schon mit nach Öland, weil sich Estelle nicht so lang von ihm trennen wollte.

Zuhause

Stockholm hat rund eine Million Einwohner – damit wächst Estelle in Schwedens bevölkerungsreichster Stadt auf. Doch ihr muss es manchmal so vorkommen, als lebte sie auf dem Land. Ihr Zuhause ist Schloss Haga im gleichnamigen Park. Der erstreckt sich nördlich der City in Estelles Geburtsgemeinde Solna über eine Fläche von rund zweihundert Fußballfeldern am Westufer des Binnensees Brunnsviken. Alte Bäume rauschen, und endlos wirkende Wiesen laden zum Toben ein.

Angelegt wurde die grüne Lunge Stockholms auf Wunsch eines Vorfahren von Estelle: König Gustav III. (1746–1792). Noch heute stehen viele Schlossbauten, Tempel und Pavillons, die er einst in Auftrag gab. Die Stockholmer lieben ihren Hagapark! Im Sommer picknicken sie auf der Pelouse, der großen Wiese am Wasser, im Winter wird von kleinen Hügeln gerodelt.

Jogger laufen bei ihrem morgendlichen Work-out manchmal Victoria über den Weg, die in der Grünanlage ihre Runden dreht. Obwohl Schloss Haga über ein 7,8 Hektar großes und vom Rest des Parkes abgegrenztes Privatgelände verfügt, nutzt die Kronprinzessin mit ihrer Familie gern die öffentlichen Bereiche. Estelles kleiner Bruder Oscar fegt auf seinem Laufrad über Trampelpfade und ruft: "Plastik in der Natur! Plastik in der Natur!", wenn er auf liegen gelassenen Müll stößt, den die Royals pflichtbewusst einsammeln.

Ihr Zuhause erreicht die royale Familie durch ein großes schmiedeeisernes Tor, auf dem Überwachungskameras angebracht sind. Fotografieren ist streng verboten.

Schloss Haga passt optisch zum Auftreten von Daniel und Victoria: kein übertrieben prunkvoller Bau, sondern eine klassisch-schlichte Villa im italienischen Stil. Vier Marmorsäulen flankieren den Eingang des vanillefarbenen Gebäudes.

Nach ihrer Hochzeit 2010 zogen Daniel und Victoria ein, sie nutzen 25 der 41 vorhandenen Zimmer privat. Recht bescheiden, wenn man bedenkt, dass das Stockholmer Schloss über sechshundert Räume verfügt. Im Erdgeschoss von Haga befinden sich eine Großküche und die Repräsentationsräume, im Stock darüber wohnt das Paar mit seinen Kindern. Der Einrichtungsstil: skandinavisch – wie soll es auch anders sein? Freundliche Cremetöne sorgen für viel Helligkeit, moderne Möbel mischen sich mit Antiquitäten, kostbaren Lüstern und Werken zeitgenössischer schwedischer Künstler wie Paul Fägerskiöld oder Karin Mamma Andersson. Die Räume wirken gemütlich, nicht steif – genau richtig für eine Familie mit kleinen Kindern. Estelle und Oscar haben im dritten Stock sowieso ihr ganz eigenes Reich: Sie dürfen den Dachboden des zu Beginn des 19. Jahrhunderts errichteten Schlosses als Spielzimmer nutzen.

Für 4,6 Millionen Euro ließ das Kronprinzenpaar Schloss Haga vor seinem Einzug renovieren, in den Jahren danach investierten sie zusätzlich in Solarpaneele und eine Ladestation für E-Autos. Nachhaltigkeit und Umweltschutz liegen Daniel und Victoria am Herzen; das vermitteln sie auch ihren Kindern.

Zur Hochzeit bekam Victoria vom Schwedischen Imkerverband Bienenstöcke mit Hunderttausenden der summenden Tierchen geschenkt. Estelle und Oscar haben eigene kleine Imkeranzüge, mit denen sie den Bienen, die nun auf dem Schlossgelände zu Hause sind, einen Besuch abstatten können – und lernen, wie wichtig die Insekten für Natur und Mensch sind. Auch den schlosseigenen Schafen, die als umweltfreundliche Rasenmäher fungieren, sagen die Kinder regelmäßig Hej.

Estelles Großvater Carl Gustaf und dessen vier Schwestern wurden auf Schloss Haga geboren. Sie spielten schon in dem niedlichen dunkelrot gestrichenen Holzhäuschen mit den grünen Fensterläden, das sich noch heute in Sichtweite des Haupthauses unter alte Baumriesen duckt. Jetzt steht die nächste Generation am Herd der sich darin befindlichen Puppenküche. Wenn Victoria ihre Kinder in dem unter Denkmalschutz stehenden Häuschen besucht, gibt es Pasta. "Oscar macht den Abwasch, ich das Essen", verriet Estelle vor laufender Kamera.[1]

Betreuung & Ausbildung

Kronprinzessin Victoria spricht mehrere Sprachen fließend, darunter Deutsch. Schließlich ist ihre Mutter Silvia eine gebürtige Deutsche, sie wurde in Heidelberg geboren. Wahrscheinlich ist es der Schwedin daher wichtig, dass ihre Kinder schon früh mit anderen Sprachen und Kulturen in Berührung kommen. Sie und Daniel vertrauten in den letzten Jahren meist auf ein zweiköpfiges Nanny-Team, das auf Estelle und Oscar aufpasste, wenn bei ihnen Reisen oder Termine anstanden. Unter den Betreuerinnen waren Schwedinnen, aber auch Australierinnen, die mit den Kindern Englisch sprachen.

Estelle besuchte zuerst einen Montessori-Kindergarten, dessen Pädagogen und Pädagoginnen die Unabhängigkeit und das Selbstvertrauen ihrer Schützlinge anregen. Seit August 2018 ist sie auf der

Campus-Manilla-Schule im Stockholmer Stadtteil Djurgården – genau wie einige ihrer Kindergartenfreunde, denn die beiden Einrichtungen sind nicht weit voneinander entfernt. Der Manilla-Campus gilt als private Eliteschmiede. Es werden zwar keine Schulgebühren verlangt, und im Prinzip kann sich jeder dort anmelden – aber trotzdem sind die Kinder prominenter und einflussreicher Familien dort größtenteils unter sich. Die Zahl der Interessenten auf der Warteliste soll im vierstelligen Bereich liegen.

Das Besondere am Campus Manilla: Die Schüler werden nicht nur in üblichen Fächern wie Mathematik oder Fremdsprachen unterrichtet. Mit Angeboten wie Yoga, Basketball, Hockey, Näh- oder Backkursen werden zusätzlich Bewegung und Kreativität gefördert.

Ihren ersten Schultag bestritt Estelle mit Wackelzahn und fröhlich wippendem Pferdeschwanz. Sie empfand das Ganze wohl als aufregendes Abenteuer. Ihrer Mama Victoria könnte dieser Meilenstein allerdings ein bisschen Angst gemacht haben. Denn an ihre Schulzeit denkt die Kronprinzessin nicht nur mit guten Gefühlen zurück: Genau wie ihr Vater Carl Gustaf und ihr Bruder Carl Philip leidet Victoria unter einer Lese-Rechtschreib-Schwäche (Dyslexie), darüber sprach sie als Erwachsene offen in zahlreichen Interviews – auch um die Stigmatisierung Betroffener zu bekämpfen. Dem schwedischen Fernsehsender SVT sagte Victoria 2017, sie habe als Schülerin das Gefühl gehabt, "dumm und langsam" zu sein. Ihre Mutter habe "immer ein Auge" auf sie und Carl Philip gehabt, weil ihr Vater unter den gleichen Problemen gelitten habe. "Das war unser Glück. Denn wir haben früh Hilfe bekommen", so Victoria. Dyslexie ist laut Wissenschaftlern durchaus vererbbar. Hat Victoria Angst, dass auch ihre Kinder unter der Krankheit leiden könnten? Auf jeden Fall habe sie schon früh begonnen, Estelle und Oscar spielerisch Buchstaben näherzubringen, erklärte sie. "Wir lesen viel, denn Lesen, Singen und Reimen ist wichtig für Kinder."

Vor allen negativen Erfahrungen kann die zukünftige Königin ihre Tochter aber nicht beschützen: Zwei Monate nach Estelles Schulstart gab es eine Krisensitzung.[2] Grund dafür war ein Instagram-Account namens Manillabitches, auf dem Kinder ihre Mitschüler mobbten – auch Estelle. Unter dem Hashtag #prinsessanifara (dt. Prinzessin in Gefahr) soll ein Mitschüler gefragt haben: "Wenn ich Prinzessin Estelle in der Mittagspause entführe, wie hoch wäre wohl das Lösegeld?" Die Rektorin drohte Konsequenzen für die erfolgreich ermittelten Übeltäter an. Margareta Thorgren, die Sprecherin des schwedischen Königshauses, sagte damals, das Kronprinzenpaar wolle das Geschehene nicht kommentieren, sei aber mit der Schule in Kontakt. Das Mobbingproblem scheint schnell und nachhaltig aus der Welt geschafft worden zu sein, denn Estelle blieb ihrer Grundschule treu.

In Schweden gehen Schüler neun Jahre lang auf die *grundskola*, danach folgen drei Jahre Gymnasium. Diese Zeit könnte Estelle komplett auf dem Manilla-Campus verbringen. Es ist anzunehmen, dass sie danach im Ausland Uniluft schnuppern wird. Ihre Mutter studierte in Frankreich und den USA (dort an der renommierten Yale University in Connecticut), arbeitete dann einige Monate bei der schwedischen Botschaft in Washington und bei den Vereinten Nationen in New York.

Hobbys

Estelle ist wissbegierig und hat immer Lust auf Neues. Sie probiert sich gern aus, ohne Angst vor Risiko: Auf Skiern stand sie schon mit zwei und ist so rasant unterwegs, dass sie sich Anfang 2020 auf der Piste das Schienbein brach. Nur wenige Wochen später unterstützte sie ihre Eltern trotzdem bei einer "Up and Jump"-Challenge: In einem Instagram-Video versuchte sie zusammen mit ihrer

Familie, in 31 Sekunden so viele Hampelmänner wie möglich hinzubekommen, trotz Krücken. Eine Aktion der Wohltätigkeitsorganisation Generation Pep, die für mehr Bewegung im Alltag sorgen will. Generation Pep wurde von ihren Eltern gegründet – schließlich war Daniel vor seiner Hochzeit Fitnesstrainer und besaß eigene Studios.

Daniel weiß, wie wichtig Sport ist, und legt seinen Kindern daher jedes Hobby nahe, bei dem man ins Schwitzen kommt. 2018 nahm Estelle das erste Mal beim alljährlichen Prinz-Daniel-Lauf im Hagapark teil. Üblicherweise steht sie aufgeregt mit Freundinnen im Pulk der Teilnehmerinnen und Teilnehmer und fiebert auf den Startschuss hin, den ihr Vater als Namensgeber natürlich höchstpersönlich gibt. Im Ziel wartet Daniel dann mit weit geöffneten Armen und einer Medaille auf seine Tochter.

In Daniels Stimme schwang ein wenig Bedauern mit, als er 2021 dem Magazin *Sportbladet* gestand, dass Estelle im Gegensatz zu Oscar kein Fußballfan, sondern ein "Basketballmädchen" sei. Auf das Holztor, das auf dem Grundstück von Schloss Haga steht, schießt Daniel daher nur mit seinem Sohn.

Ab 2016, mit vier, nahm Estelle Unterricht in der Tanzschule Base23 von Primaballerina Anneli Alhanko und besuchte zwei Jahre später einen Theaterkurs an der 1940 gegründeten Calle Flygare Teaterskola. Dort wurde auch Bond-Girl Britt Ekland ausgebildet. Estelle lernte viel über Körpersprache und darüber, wie man seine Stimme richtig einsetzt. Eine gute

1908
PRINS DANIELS LOPP
GENERATION PEP SWEDEN

Vorbereitung für ihre spätere Aufgabe als Königin! Ihre Mutter Victoria wurde jahrelang von der schwedischen Schauspielerin Margaretha Krook unterrichtet. Sie brachte ihr bei, aus sich herauszugehen und mit kräftiger Stimme in der Öffentlichkeit zu sprechen.

Victoria bringt ihren Kindern auch Kultur näher: Mit Estelle schaute sie sich zum Beispiel das Broadway-Musical *Annie* an, und sie nimmt ihre Kinder regelmäßig mit ins Museum. "Es ist herrlich, die Interpretationen von Estelle und Oscar zu hören", verriet Victoria 2022.[3] Auf den abstrakten und von warmen Farben geprägten Werken des schwedischen Künstlers Rolf Hanson sei laut Oscars Interpretation "alles voller geschmolzenem Käse oder Magma" gewesen. Sie habe ihren Sohn und ihre Tochter auch in eine Kindergruppe des Museums für Moderne Kunst in Stockholm gesteckt: "Dort wurde sicher der Grundstein dafür gelegt, dass Oscar und Estelle so kreativ geworden sind. Sie durften alles ausprobieren und sich an verschiedene Materialien heranwagen. Das hat nicht nur ihnen geholfen, sondern auch mir", findet Victoria. "Ich traue mich nun auch, einiges auszuprobieren – seitdem sieht die Küche entsprechend aus."

2019 gründeten Daniel und Victoria eine Kulturstiftung im Namen ihrer Tochter Estelle: The Princess Estelle Cultural Foundation. Durch sie sollen kreative Projekte in Schweden vorangetrieben werden, vornehmlich der Skulpturengarten Royal Djurgården in Stockholm. Estelle ist selbstverständlich mit von der Partie, wenn dort eine neue Skulptur feierlich enthüllt wird.

Charakter

Es ist immer wieder interessant, wie unterschiedlich Geschwister sein können. Estelle und Oscar sind ein Paradebeispiel dafür! Während Estelle sich unbekümmert und selbstbewusst in der

Öffentlichkeit bewegt und es sie gar nicht zu stören scheint, wenn bei Terminen Kameras oder auch mal Zehntausende Augen auf sie gerichtet sind, fiel ihr jüngerer Bruder in der Vergangenheit häufig durch heruntergezogene Mundwinkel und schlechte Laune auf. Ein Beispiel: Bei Opa Carl Gustafs 72. Geburtstag im April 2018 wippte Estelle auf dem Stockholmer Schlossbalkon neben Oma Silvia und Mama Victoria fröhlich zur Blasmusik hin und her, während Bruder Oscar aussah, als habe man ihm gerade mitgeteilt, er dürfe nie mehr Schokolade essen.

In der internationalen Presse hatte er durch seine auffällig übellaunige Art schnell den Spitznamen Grumpy Oscar weg. Was aber wahrscheinlich hinter diesen Auftritten steckt, ist die Tatsache, dass Oscar einfach schüchterner ist als seine extrovertierte Schwester.

Auf offiziellen Familienfotos (wie denen aus dem Jahr 2020, anlässlich von Estelles achtem Geburtstag) sieht man ihn lachen. In einer Umgebung mit Menschen, die er kennt und denen er vertraut, fühlt der kleine Junge sich wohl. Doch Termine mit vielen Fremden und großem Tamtam scheinen Oscar immer noch nicht ganz geheuer zu sein, da verhält er sich weiterhin zurückhaltend.

Doch er kann sich immer auf Estelle verlassen. Fühlt Oscar sich unsicher, nimmt sie ihn Mut machend an die Hand. Der Kleine hat eine sehr fürsorgliche große Schwester! Als die noch ein Einzelkind war, stand sie einem Geschwisterchen eher kritisch gegenüber. Vier Monate vor Oscars Geburt antwortete Victoria auf die Frage, ob Estelle sich eher einen Bruder oder eine Schwester wünsche, dass der damals Dreijährigen wohl ein Hamster am liebsten sei.[4] Wenn man Bruder und Schwester jetzt miteinander beobachtet, ist klar, dass Estelle mit ihrem menschlichen "Hamsterersatz" sehr glücklich ist und ihn von Herzen liebt.

Mama Victoria fasste die Unterschiedlichkeit ihrer Kinder einmal so in Worte: Estelle sei "aufgeschlossener", "sehr fröhlich" und "liebe

Menschen", erklärte sie gegenüber der schwedischen Nachrichtenagentur TT im Juni 2017. "Sie ist selbstbewusst, hat einen großartigen Humor und ist sehr fürsorglich." Oscar sei dagegen "ruhig" und habe Respekt vor Menschen. Seine große Schwester aber liebe er.

Dass ihre Tochter mit einer scheinbar angeborenen Leichtigkeit in ihre Fußstapfen tritt, muss für Victoria eine große Erleichterung sein. Denn sie litt in jungen Jahren an dem Druck als Thronfolgerin. 1998 wurde bekannt, dass sie an Magersucht erkrankt war. In Interviews gestand die Kronprinzessin später, sie habe sich fremdbestimmt gefühlt und die Krankheit als Weg gesehen, wenigstens einen Teil ihres Lebens kontrollieren zu können. "Ich hatte oft große Angst und habe vieles als sehr schwer empfunden", erinnert sie sich.[5] "Mein Mann ist derjenige, der das Glas immer als halb voll betrachtet. Er ist für mich eine gute Erinnerung daran, dass man auch anders denken kann", sagt Victoria heute. Seit dem Jahr 2000 gilt sie als genesen – und wird zusammen mit Daniel sicher alles dafür tun, dass ihre Tochter auf andere Weise mit psychischem Stress umgeht.

Erziehungsstil

Ihr Vater erdet Estelle. Im Gegensatz zu Victoria kam er bürgerlich zur Welt, als Sohn eines Beamten und einer Postangestellten. Prinz Daniel fährt mit seiner Tochter U-Bahn, schaut sich mit ihr Eishockeyspiele an und lud sie zum sechsten Geburtstag in einen Burgerladen ein. Den Valentinstag 2022, der in Schweden als *Alla hjärtans dag* (Tag aller Herzen) gefeiert wird, machte Daniel zum Vater-Tochter-Event: Er holte Estelle von der Schule ab und ging mit ihr im angesagten Restaurant Icanders essen. Ein Instagram-Schnappschuss, den das Lokal veröffentlichte, zeigt das strahlende Gespann. An Estelles

Lächeln ist abzulesen, wie viel es ihr bedeutet, dass ihr Vater sich ganz gezielt Zeit für sie nimmt.

Die beiden unternehmen alltägliche Dinge – zumindest für bürgerliche Kinder. Daniel möchte, dass seiner Tochter Erlebnisse wie diese trotz ihrer Zukunft als Thronfolgerin nicht verwehrt bleiben. Er schenkt ihr ein Stück unbezahlbarer Normalität, das ihrer Mutter in Kinder- und Jugendtagen möglicherweise gefehlt hat.

Die Verbindung zwischen Daniel und Estelle ist innig bis ins kleinste Detail: Der Vollblutpapa trägt sogar goldene Manschettenknöpfe, in die der Vorname seiner Tochter mit Schreibschrift eingraviert ist. Im Englischen würde man ihn als *hands-on* bezeichnen. Ein Vater, der sehr involviert und zupackend ist. Sechs Monate nach Estelles Geburt war er der erste Prinz in der Geschichte der schwedischen Königsfamilie, der offiziell in Elternzeit ging und seiner Frau Victoria so den Rücken freihielt.

Das sei nichts Besonderes gewesen, betonte Daniel 2016. Sein Vater sei für ihn und seine Schwester schon in den 1970er-Jahren in Elternzeit gegangen. "Für mich war es also selbstverständlich, zu Hause bei meinen Kindern zu bleiben."[6] Wie er in seinem Familienleben für Normalität sorge, wurde er im Interview gefragt. Normal sei für jeden das, womit er aufwachse, antwortete Daniel. "Es geht um Liebe, Wärme und Fürsorge, dann ist es fantastisch."

Daniel taucht bereitwillig in die Gedankenwelt seiner Kinder ein, probierte für sie sogar die Trend-App Pokémon Go aus, die Nutzer ins Freie lockt, indem sie dort Fantasiewesen suchen. "Wir haben draußen Trolle gejagt", erzählte Daniel begeistert.

Wenn es nach ihm geht, dann sollen seine Kinder alles ausprobieren und so viel wie möglich wagen. Auch wenn dabei mal etwas schiefgeht. Er versuche, seinen Kindern zu vermitteln, dass man über fast alle Fehler lachen kann. Ihm sei es wichtig, "dass sie sich frei und geliebt fühlen".[7]

Während Daniel seinem Nachwuchs zeigt, wie man bedenkenlos in den Himmel wächst, gibt Victoria ihren Kindern Wurzeln. Sie lehrt sie alles über ihre Herkunft und die schwedische Kultur. Victoria möchte, dass ihre Kinder sich mit ihrer Heimat identifizieren und fest an diese glauben. Eine starke Basis, aus der sie Kraft und Standfestigkeit ziehen können, wenn es im Alltag einmal turbulent zugehen sollte.

Victoria gibt ihr Wissen auf spielerische Weise weiter, sie holt die Kleinen mitten hinein ins Geschehen: An Weihnachten 2013, da war Estelle noch keine zwei Jahre alt, veröffentlichte der Hof ein Video, das Estelle beim Plätzchenbacken mit ihren Eltern zeigt. Die Videos wurden zur Tradition, das von 2018 kam besonders niedlich daher. Darin bastelte Victoria mit ihrer Familie Adventsdeko. Sie spickten Orangen mit Nelken und banden Kränze. Estelle wollte eine Hyazinthe umtopfen, es gelang ihr allerdings nicht gleich, und Victoria ging ihr helfend zur Hand. Daraufhin sagte Estelle frei heraus: "Mama ist wie Oma. Sie kennt alle Tricks auf der Welt!" Victoria – eine Ratgeberin, die für jedes Problem eine Lösung parat hat. Sicher nicht nur beim Basteln ...

Ganz nebenbei gibt die Kronprinzessin ihrem Nachwuchs durch Instagram-Videos wie diese ein wichtiges Tool mit an die Hand: Es gibt kaum ein einfacheres und schnelleres Mittel, um seinen Landsleuten eine Bullerbü-Idylle à la Astrid Lindgren zu präsentieren. Um Nähe zu schaffen, ohne sich wirklich in die Menge zu stürzen. Um zu zeigen, wie sehr man mit Land und Leuten verbunden ist. Womit wir wieder bei den Wurzeln wären.

Über die – sowie Stock und Stein – ging Victoria wortwörtlich: Zwei Jahre lang erwanderte sie in einzelnen Touren alle 25 schwedischen Provinzen. Dabei ließ sich die Kronprinzessin von einem Fotografen begleiten. Das Ergebnis: der Bildband *Schweden entdecken*.[8] Im Vorwort schrieb Victoria, sie wünsche sich, "dass auch Estelle und Oscar in ihrem Leben Schweden entdecken und all das erleben, was mir so viel gegeben hat. Außerdem finde ich, dass Kinder das Naturerlebnis für uns Erwachsene bereichern. Sie sehen die Welt ganz anders und machen uns auf Dinge aufmerksam, die uns sonst entgehen würden oder an die wir nicht mehr denken. Ich werde nie vergessen, wie Estelle ihren eigenen Schatten entdeckt hat! Das war ein besonderer Moment für mich. Oder wie sie zum ersten Mal Schnee schmeckte. Wir vergessen das von uns selbst, aber mit Kindern können wir diese Magie des Neuen wieder erleben."

Seit ihrer Schulzeit liebe die Kronprinzessin Selma Lagerlöfs Geschichte über Nils Holgersson, der auf dem Rücken einer Gans über Schweden hinwegfliegt. "In gewisser Weise hat es sich in den zwei Jahren meiner Wanderungen so angefühlt, als würde ich ihn dabei begleiten. Das Buch steht bei uns zu Hause im Bücherregal, und ich habe meinen Kindern oft daraus vorgelesen."

Auch um ihnen die Schönheit ihrer Heimat näherzubringen und sie davon zu überzeugen, wie schützenswert diese sei. Mit Estelle nahm Victoria 2019 am Keep Sweden Tidy Day teil. Dafür sammelte das Mutter-Tochter-Duo in Jeans, Sneakers und Hoodies sowie mit großen Tüten bewaffnet in Stockholmer Parks Müll ein. 2021 sagte sie dem Radiosender Sveriges Radio: "Auch wenn meine Kinder erst fünf und neun Jahre alt sind, ist ihnen sehr klar, dass wir uns über die Umwelt und die Natur und die Ressourcen, die wir haben, Gedanken machen müssen. Ich finde es wichtig, mit seinen Kindern diese Gespräche zu führen, denn sie hören Teile in Nachrichten oder im Kindergarten oder in der Schule. Die Gespräche sind wichtig, denn sie sorgen sich um diese Fragen."

Ganz viel miteinander reden – das gehört für Victoria anscheinend zum Fundament ihres Familienlebens. Sie möchte so oft und so gut es geht für ihre Kinder da sein. Wenn das aus terminlichen Gründen mal nicht geht, wird auch darüber gesprochen. Nach jeder dienstlichen

Reise, die Victoria und Daniel ohne ihre Kinder unternehmen, zeigen sie den beiden Fotos von den Orten, an denen sie waren. “Es ist eine Möglichkeit, den Kindern zu erzählen, wie die Welt aussieht. Ihnen etwas beizubringen, aber auch, ihre Neugier auf andere Länder und Kulturen zu wecken”, so Victoria.[9] Ihre Eltern, König Carl Gustaf und Königin Silvia, hätten das genauso gemacht. “So konnte ich verstehen, was sie getan hatten und warum sie fort gewesen waren.”

Vorbereitung auf die Thronfolge

Dass Victoria und Estelle eines Tages (nacheinander) den Thron besteigen werden, verdanken sie einer Gesetzesänderung von 1980. Davor besaßen nämlich nur männliche Nachkommen der schwedischen Königsfamilie dieses Recht – und das schon seit 1810.

Im Oktober 2019 folgte eine weitere Neuerung: Estelles Großvater verschlankte das Königshaus! Carl Gustaf bestimmte, dass die Kinder seiner Tochter Madeleine und seines Sohnes Carl Philip nicht mehr länger dazugehören.

Am Tag der Verkündung veröffentlichte der Hof ein vielsagendes Foto. Es zeigte Carl Gustaf, Kronprinzessin Victoria und Prinzessin Estelle – die drei

Menschen, die die Geschicke des schwedischen Königshauses auf absehbare Zeit bestimmen werden.

Kein anderes Thronfolgerkind wurde so früh an die Öffentlichkeit herangeführt wie Estelle. Schon im Alter von zwei Jahren eröffnete sie in ihrem Herzogtum Östergötland einen nach ihr benannten Märchenpfad (Duchess Estelle's Fairytale Path).

Von Anfang an war es Daniels und Victorias Ziel, in ihrer Tochter die Freude an solchen Terminen zu wecken. Aber den größeren Sinn dahinter behielten sie für sich, sie wollten sie nicht zu früh mit dem Titel Thronfolgerin belasten oder sie gar verschrecken. Im Juli 2017, da war Estelle fast fünfeinhalb, antwortete Victoria auf die Frage, ob ihre Tochter schon wisse, was später auf sie zukomme: "Das glaube ich nicht. Estelle und Oscar verstehen langsam, dass sie Teil der königlichen Familie sind, aber das soll alles ein natürlicher Teil ihres täglichen Lebens sein."[10]

Inzwischen hat für Estelle die "Prinzessinnen-Schule" begonnen. "Man kann ein Land nicht vertreten, wenn man nicht weiß, wie es funktioniert", befand die ehemalige Hofmarschallin von Kronprinzessin Victoria, Elisabeth Tarras-Wahlberg, im Sommer 2018.[11] Ihr gefalle die Behutsamkeit, die Daniel und Victoria an den Tag legen würden. "Es ist eine gute Idee, die Sache Schritt für Schritt anzugehen. Sowohl Kronprinzessin Victoria als auch Prinz Daniel gehen sehr pädagogisch vor und wollen, dass die Kinder Kinder sein dürfen."

Und so wird Estelle auf die Thronfolge vorbereitet, indem sie zum Beispiel Geschichten über die Dynastie der Bernadottes hört. Bernadotte ist der eigentliche Nachname ihrer seit 1818 regierenden Familie. Doch der fällt in Schweden bei gebürtigen Royals weg und wird durch ein "von Schweden" ersetzt. Estelle hat schon die Bernadotte-Bibliothek im Stockholmer Schloss besucht, in der gut hunderttausend Bücher lagern. Sie hat sich historische Statuen erklären lassen und in der

Schatzkammer die Krone begutachtet, die ihr verliehen wurde – es ist die von Prinz Oskar II. (1829–1907) aus dem Jahr 1844. Die Reichsinsignien werden heute nicht mehr von den schwedischen Royals getragen, sondern nur noch zu besonderen Zwecken ausgestellt.

Estelle nimmt begierig alles in sich auf, stellt viele Fragen und scheint Spaß an diesen kleinen Sonderausflügen zu haben. "Es ist ihr kulturelles Erbe, und die Kronprinzessin ist glücklich, dass Prinzessin Estelle so interessiert ist", sagte Palastsprecherin Margareta Thorgren 2019.[12] "Sie ist in einem Alter, in dem Kinder sehr neugierig sind. Sie möchten einfach und unterhaltsam über Familiengeschichte sprechen."

Prinzessin Victoria wurde in ihrer Jugend von dem Historiker Herman Lindqvist, der sich nach Estelles Geburt so über ihren Namen echauffierte, in Geschichte unterrichtet. Der ehemalige Reichstagspräsident und Verteidigungsminister, Björn von Sydow, brachte ihr die Staatswissenschaften näher. Auch Estelle wird man Privatlehrer an die Seite stellen, die ihr alles beibringen, was sie wissen muss, um ihre zukünftigen Aufgaben zu erfüllen.

Nach und nach erhält Estelle mehr Verantwortung: Im Oktober 2020 durfte sie im Alter von acht zusammen mit ihrer Mutter und ihrem Großvater die Slussbron-Brücke in Stockholm einweihen. Die beiden Damen kamen im schicken Partnerlook, trugen beide Herbstmäntel in der Trendfarbe Camel – und zogen so die Blicke auf sich.

Victoria und Estelle punkten durch Offenheit und ein zeitgemäßes Auftreten. Nicht steif, sondern fröhlich-leicht. Nahbar. Mutter und Tochter rücken die schwedische Krone wieder in ein besseres Licht.

Das war Anfang 2011 erloschen, als das Enthüllungsbuch *Carl XVI. Gustaf: Der widerwillige Monarch*[13] erschien. Von Carl Gustafs Besuchen in Stripclubs, wilden Partys mit Prostituierten und einer Affäre mit der ehemaligen Popsängerin Camilla Henemark war darin die Rede. Die veröffentlichte ein Jahr darauf gleich ihr eigenes Buch *Adjö det ljuva livet* (dt. Adieu, du süßes Leben),[14] in dem sie pikante Details über ihre Erlebnisse mit dem König preisgab: unter anderem, dass er zum Spaß nicht nur mit Kissen warf, sondern auch mit Törtchen und Sushi.

Doch von dieser Zeit der Dunkelheit hat sich das Königshaus erholt – das hat Carl Gustaf insbesondere den nachrückenden Generationen zu verdanken. Der Monarch landet nun nicht mehr mit negativen Schlagzeilen in der Presse, sondern mit süßen Familienfotos. Er weiß: Victoria und Estelle sind Schwedens Zukunft. Ihre Frauenpower ist stärker als jeder Skandal. Und ihre natürliche Echtheit wirksamer als jedes Märchen.

Look

Im schwedischen Einzelhandel nannte man es den Estelle-Effekt: Ab 2013 fanden Haarschleifen für Kleinkinder plötzlich reißenden Absatz! Dafür verantwortlich waren die vielen unterschiedlichen Exemplare, die Estelle auf Ausflügen und offiziellen Fotos zur Schau trug. Kaum waren ihre kurzen Härchen lang genug, sah man die kleine Schwedin nicht mehr ohne Accessoire auf dem Kopf. Ihr Markenzeichen hatte Estelle schon mit gut einem Jahr gefunden!

Rosa, weiß, rot, blau – farblich waren die Schleifen immer penibel aufs Outfit abgestimmt. Das Kuriose: Sie schienen mit der Prinzessin zu wachsen. An ihrem zweiten Geburtstag pustete Estelle schließlich mit riesigem cremefarbenem "Propeller" auf dem Kopf die Kerzen auf ihrem Kuchen aus. Mittlerweile fliegt Estelle nicht mehr auf die haarigen Hingucker. Man sieht sie kaum noch mit den Schleifen, die ihre Mama anscheinend so an ihr liebte.

Ob Victoria die schönsten Modelle aufgehoben hat? Das ist anzunehmen. Schließlich ist sie ein ausgesprochener Vintage-Fan. Estelle trug bei vielen Terminen süße Kinderkleider ihrer Mama, die diese über Jahrzehnte hinweg gelagert hatte: Ihre ersten Gehversuche machte sie in einem blauen Hängerchen mit aufgenähten Luftballons, als Kleinkind entzückte sie in einem rosa Dress mit Puffärmeln, und am Victoriatag 2021, dem Geburtstag ihrer Mutter, zeigte sie sich der Menge in einem blütenweißen Sommerkleid mit XL-Kragen, das Victoria 35 Jahre zuvor angehabt hatte. Was für eine süße Geste! Es ist also nicht ausgeschlossen, dass auch die alten "Estelle-Propeller" irgendwann noch einmal abheben.

BUNTE-Fun Fact

Estelle hatte schon mit fünf Jahren die sogenannte Pommesgabel drauf – das Handzeichen, mit dem sich Fans der Rocker- und Heavy-Metal-Szene grüßen (Zeigefinger und kleiner Finger zeigen Richtung Himmel, alle anderen werden eingeknickt). 2017 besuchte die Prinzessin mit ihren Eltern ein Konzert der Kultband Kiss in Stockholm und ließ sich wie Frontmann Paul "The Starchild" Stanley einen schwarzen Stern übers rechte Auge schminken. Das schwedische Rockmagazin *Rocksverige* teilte auf Facebook einen Schnappschuss der Familie samt Band und urteilte cool: "Rock and Royal Roll!" 2019 brachte Estelle ihre Eltern dazu, sie zu einem Metallica-Konzert zu begleiten. Da kam sicher auch wieder die Pommesgabel zum Einsatz.

Jacques *von* Monaco

Der Teamplayer auf Lebenszeit

Wer jemals ein Fan von *Denver-Clan* oder ähnlich dramatischen Familiensagas war, den packt auch die Geschichte dieses Prinzen. Der Enkel einer Hollywoodlegende wird in einem Zwergstaat groß, in dem riesig was los ist; besonders hinter den Palastmauern. Gute Zeiten, schlechte Zeiten – Jacques teilt sie mit einer Komplizin, die ihm seit der Geburt zur Seite steht: seine zwei Minuten ältere Zwillingsschwester Gabriella, für die er bedingungslos einsteht. Als die Mutter der beiden im Jahr 2021 monatelang abtauchte, hielten sie sich gegenseitig über Wasser. Schwimmen ist eine ihrer antrainierten Stärken, sie überstehen auch die größten Wogen. Gut so: Denn ein Happy End scheint in diesem Fall fraglich, wenn man einer über siebenhundert Jahre alten Legende Glauben schenkt …

Name & Titel

Als Albert von Monaco erfuhr, dass er Vater werden würde, saß er gerade in einer wichtigen Geschäftsbesprechung – so erzählte es ein Vertrauter von ihm.[1] Aufgeregt wurde der Fürst herausgerufen, um ein Telefonat seiner Frau Charlène entgegenzunehmen – es sei dringend! "Wir bekommen ein Baby!", verkündete seine Frau, die ihren Arzt eigentlich nur für eine Routineuntersuchung aufgesucht hatte. Albert freute sich laut seinem Freund ungemein, musste aber dringend wieder zurück ins Meeting. Wenige Minuten später wurde er wieder an den Hörer gebeten. Es war noch einmal Charlène. "Wir kriegen zwei Babys!", tönte sie nun. Zwillinge – *quelle surprise!* Albert liebt Überraschungen, darum ließ er sich auch während der Schwangerschaft nicht das Geschlecht seiner Kinder mitteilen.

Böse Überraschungen wollte der Fürst aber lieber nicht erleben. Er soll schon Monate vor der Geburt seiner Zwillinge angefangen haben, den Palast in Monaco und die Sommerresidenz Roc Agel kindersicher zu machen.

Albert kleckert nicht, er klotzt – und ließ den Tag, an dem er seine Zwillinge erstmals der Öffentlichkeit präsentierte, kurzum zum Feiertag erklären. Wochenlang hatte er die Stadt schmücken lassen, und schließlich jubelten am 7. Januar 2015 rund fünftausend Monegassen den vier Wochen alten Babys zu, die in den Armen ihrer Eltern auf dem Balkon des Palastes auftauchten.

Seine Durchlaucht Jacques Honoré Rainier Grimaldi, Erbprinz von Monaco, Marquis des Baux kam am 10. Dezember 2014 im

Princess-Grace-Krankenhaus in Monaco-Ville zur Welt – um 17.06 Uhr, zwei Minuten nach seiner Schwester Gabriella. Obwohl sie also älter ist als Jacques, nimmt er Platz eins der Thronfolge ein. Denn in Monaco haben die männlichen Nachkommen Vorrang vor den weiblichen. Darum zog Jacques ebenso an seiner Tante Caroline vorbei, bis dato die offizielle Thronfolgerin.

Auch seine Halbgeschwister sind in puncto Thronfolge raus. Denn Jacques' Großvater Rainier bestimmte 2002, dass nur ehelich gezeugte Kinder in der Erbfolge Beachtung finden.

Fürst Albert hat bisher zwei außereheliche Kinder anerkannt: Jazmin Grace Grimaldi (* 4.3.1992, aus einer Liaison mit einer amerikanischen Kellnerin) und Alexandre Coste (* 24.8.2003). Dessen Mutter Nicole stammt aus Togo und arbeitete als Stewardess, als sie Albert zum ersten Mal auf einem Flug begegnete.

Ein recht wilder Patchwork-Mix, vor allem für eine royale Familie. Aber zumindest für die Kinder scheint er zu funktionieren. Im Januar 2022 postete Alberts Älteste, Jazmin Grace, auf ihrem Instagram-Kanal ein Foto, auf dem sie lachend all ihre Halbgeschwister umarmt: Alexandre, Gabriella und Jacques. Hoffentlich stehen die beiden Großen den Kleinen auch in Zukunft zur Seite!

Die Zwillinge werden von ihren Eltern nur kurz Jacqui und Bella genannt. Aber offiziell hat Monacos Thronfolger das Anrecht auf mehrere Titel: Als Erbprinz des Fürstentums ist er *Son Altesse Sérénissime* (dt. Seine Durchlaucht). So wurden früher erst Kaiser und Könige angesprochen, dann alle Fürsten. Grimaldi ist Jacques' Familienname. Dieses alte Adelsgeschlecht stammt ursprünglich aus der italienischen Stadt Genua, ist aber inzwischen weitverzweigt.

Den Titel Marquis des Baux gibt der regierende Grimaldi an seinen Thronfolger weiter. Les Baux-de-Provence ist ein Bergdorf in der Provence, knapp drei Autostunden westlich von Monaco, das sich die

Grimaldis im 17. Jahrhundert erkämpften. Sie behielten den Titel bei, auch wenn der Ort heute zu Frankreich gehört.

Mit seinen drei Vornamen tritt der Junge namentlich in die Fußstapfen verschiedener monegassischer Fürsten. Honoré ist ein seit Generationen beliebter Name, Alberts 2005 verstorbener Vater hieß Rainier, und von 1731 bis 1733 regierte Jacques I. – besteigt er also eines Tages den Thron, wird er das als Jacques II. tun. Angeblich soll dieser Name auch eine Reminiszenz an Alberts amerikanische Mutter, Hollywoodikone Grace Kelly, sein. Denn ihr Vater hieß Jack.

Familie & Freunde

Ganz großes Kino – so lässt sich die Taufe von Jacques und Gabriella am 10. Mai 2015, exakt fünf Monate nach ihrer Geburt, am besten beschreiben. Die Inszenierung war oscarreif! Den kirchlichen Segen erhielten die Zwillinge vor rund siebenhundert Gästen vom Erzbischof Monacos im größten Gotteshaus des Zwergstaates: der Cathédrale Notre-Dame-Immaculée de Monaco. Diese steht in Monaco-Ville, der historischen Altstadt – nur gut 250 Meter Fußweg vom Fürstenpalast entfernt. Auf den Straßen dazwischen flatterten an diesem Tag Hunderte Fähnchen in den Nationalfarben Rot und Weiß, die Kathedrale selbst war innen und vorm Eingangsportal mit gigantischen weißen Blumenarrangements aus Lilien, Rosen, Schleierkraut und Co. geschmückt. Die Bevölkerung, die sich vor der großen Freitreppe versammelt hatte, konnte über Leinwände verfolgen, was drinnen vor sich ging.

Nach einem feierlichen Lunch mit Köstlichkeiten wie Kaphummer-Küchlein à la Grimaldi sowie Kalbfleisch mit Morcheln und Trüffelsoße (dazu nur die feinsten Jahrgangsweine und Rosé-Champagner)

Jacques
von
Monaco

GEBURTSDATUM:	10. DEZEMBER 2014
GEBURTSORT:	MONACO
ELTERN:	FÜRST ALBERT UND FÜRSTIN CHARLÈNE VON MONACO
GESCHWISTER:	GABRIELLA (10. DEZEMBER 2014, ZWILLINGSSCHWESTER)
STERNZEICHEN:	SCHÜTZE
HOBBYS:	SCHWIMMEN

erhielten alle zum Essen geladenen Gäste kleine Geschenke zur Erinnerung: je ein Paar Porzellan-Babyschuhe mit den Vornamen der Zwillinge, handgefertigt von der Künstlerin Agnès Sandahl, und eine CD mit dem Song *Jacques et Gabriella,* den der monegassische Sänger Richard Lord eigens zur Geburt geschrieben hatte.[2]

Neben dem Grimaldi-Clan saßen auch die vier Taufpaten der Zwillinge (beide haben dieselben) mit an den Tischen. Zwei davon hatte anscheinend Albert ausgesucht: die Portugiesin Diane de Polignac Nigra, eine entfernte Cousine väterlicherseits, und Christopher LeVine Jr. aus Pennsylvania, dessen Vater der Lieblingsneffe von Alberts Mutter war. Charlène wählte ihren Bruder Gareth Wittstock, der seit 2011 in Monaco lebt, und ihre Freundin Nerine Pienaar, eine Kostümbildnerin aus Johannesburg.

Es soll Charlènes Wunsch gewesen sein, Paten und Patinnen zu finden, die das "echte Leben" kennen und ihren Kindern mit diesem Wissen zur Seite stehen können.[3] Die Fürstin wurde bürgerlich geboren – sie kam als Charlene Lynette Wittstock im afrikanischen Simbabwe zur Welt. Im Jahr 2000 lernte die Profischwimmerin ihren Zukünftigen bei einem Wettkampf in Monaco kennen. 2011 heiratete sie Albert und firmiert seitdem unter der französischen Version ihres Vornamens: Charlène mit schickem Akzentzeichen über dem e.

Schon damals zogen dunkle Wolken am Beziehungshimmel auf. Als Charlène während der Trauung weinte,

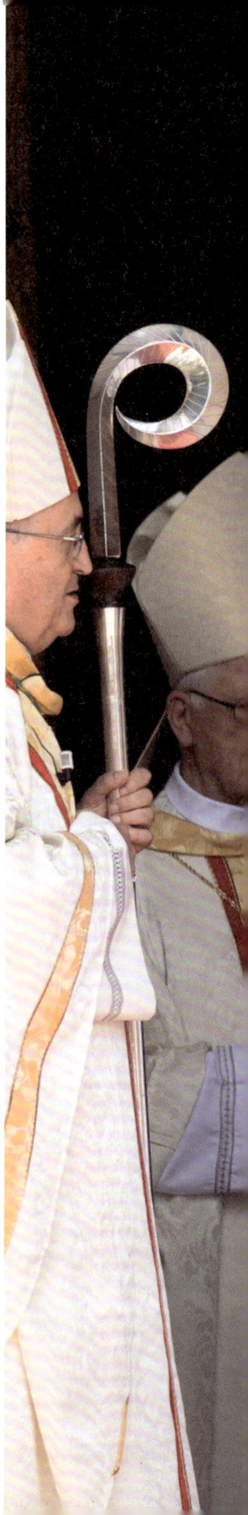

fragten sich viele, ob ihr *Oui* wirklich aus vollem Herzen kam. Geschichten über die Unzufriedenheit der Fürstin gab es in den darauffolgenden Jahren immer wieder.

Mit dem Eheglück ist es so eine Sache in der Fürstenfamilie. Wenn es sich einstellt, dann oft nicht für lange. Der Legende nach liegt das an einem Fluch, der seit über siebenhundert Jahren auf den Grimaldis lasten soll: Ihr Vorfahr Raniero Grimaldi (1267–1314) habe sich bei einem Raubzug an einer jungen Flämin vergangen, heißt es. Sie schmetterte ihm daraufhin angeblich folgenden Satz entgegen: "Niemals soll ein Grimaldi Glück in der Ehe finden!"

Ist an diesem Mythos vielleicht wirklich etwas dran? Fakt ist: Ungewöhnlich viele Liebesbeziehungen der Grimaldis fanden ein dramatisches Ende. So wie bei Alberts Mutter, der legendären Grace Kelly. Die blonde Schauspielerin aus dem amerikanischen Pennsylvania, die mit Hitchcock-Klassikern wie *Bei Anruf Mord* oder *Das Fenster zum Hof* in Los Angeles, der Stadt der Engel, abhob, verliebt sich 1955 bei den Filmfestspielen in Cannes in Fürst Rainier. Für ihn gibt sie ihre Karriere auf, zieht nach Monaco, verwandelt sich in Fürstin Gracia Patricia und bringt drei Kinder zur Welt: erst Caroline, dann Albert und zuletzt Stéphanie. Doch die Beziehung zwischen dem Fürsten und der Hollywoodikone ist nicht durchweg glücklich, heißt es. Sie findet ein jähes Ende, als Gracia Patricia 1982 mit gerade mal 52 bei der Heimfahrt aus ihrer Sommerresidenz Roc Agel tödlich verunglückt. Ihre Tochter Stéphanie sitzt mit im Auto, wird aber im Gegensatz zu ihrer Mutter nur leicht verletzt. Eine Tragödie, die das Familienglück bis heute überschattet.

Auch Stéphanie beweist in den folgenden Jahrzehnten kein glückliches Händchen für Männer: Die Prinzessin bekommt zwei Kinder von ihrem Bodyguard Daniel Ducruet, den sie 1995 heiratet. Doch nur ein knappes Jahr später reicht Stéphanie die Scheidung ein, weil

Ducruet sich mit einer Stripperin vergnügt hat. 1995 kommt ihr drittes Kind zur Welt – dessen Vater ist ein anderer Bodyguard, mit dem die Monegassin aber nicht lange zusammenbleibt. Ihr Liebesleben ist in den folgenden Jahren eines der heißesten Boulevardthemen. 2003 heiratet Stéphanie einen Artisten – diese Ehe zerbricht allerdings im Jahr darauf.

Bei ihrer älteren Schwester Caroline läuft es nicht besser: Ihre 1978 geschlossene erste Ehe mit einem 17 Jahre älteren Playboy wird nach zwei Jahren geschieden und später sogar offiziell vom Vatikan annulliert. 1983 heiratet Caroline den italienischen Millionär Stefano Casiraghi, mit dem sie wahnsinnig glücklich ist und drei Kinder bekommt. Doch Casiraghi stirbt sieben Jahre später bei einem Schnellboot-Wettrennen. 1999 fährt Caroline mit Ernst August Prinz von Hannover in den Hafen der Ehe ein. Die beiden sind zwar noch verheiratet, treten aber schon seit Jahren nicht mehr zusammen auf.

Handelt es sich hier wirklich um einen Fluch oder um eine Anhäufung unglücklicher Zufälle? Man kann Jacques nur die Daumen drücken, dass es ihm gelingt, den vermeintlichen Liebesbann zu brechen.

Zuhause

Wer den Palais Princier de Monaco betritt (das geht im Rahmen einer Führung normalerweise zwischen April und Oktober), der versteht sofort, wo Albert gelernt hat zu klotzen statt zu kleckern. Der Fürstenpalast, dem eine Festung aus dem Jahr 1215 zugrunde liegt, ist an Glanz und Gloria kaum zu übertreffen. Die Grimaldis leben hier, seit sie 1297 die Herrschaft im Fürstentum übernahmen. Jede Generation erweiterte den Bau um die eigene Vorstellung von Extravaganz. Im Innenhof, in dem auch Alberts und Charlènes katholische Trauung stattfand, sind auf dem Boden aus über drei Millionen Kieselsteinen geometrische Formen gelegt. Über eine wuchtige geschwungene Freitreppe, die aus einem einzigen Block Carrara-Marmor gefertigt wurde, gelangt man ins Innere. Auch die Fußböden des auf einem Felsen über dem Meer thronenden Bollwerks bestehen aus edlem Marmor, an den Wänden des Roten und des Blauen Salons schillert Seidenbrokat in ebendiesen Farben, im Thronsaal überdacht ein schwerer Baldachin den goldenen Herrschersitz. Ein Vorfahr Alberts startete die fürstliche Kunstsammlung mit Werken von Tizian, Dürer, Rubens und Michelangelo. Viele der Palastmöbel stammen aus dem 18. Jahrhundert, wirken aber wie neu, da Albert die Räume und das Interieur aufwendig restaurieren ließ. Er setzt sich sehr für das Erbe seiner Familie ein, besprach sogar den Audioguide für die Besucher in fast akzentfreiem Deutsch selbst.

Auch die Sommerresidenz der Grimaldis Roc Agel liegt dem Fürsten am Herzen. Sie ist gut eine halbe Autostunde nördlich vom Palast entfernt. Grace Kelly beschrieb das Anwesen einmal als "Ort, an dem wir die Tür zur Welt schließen".[4]

Roc Agel ist kein prunkvoller Palast, sondern ein Biobauernhof mit 56 Hektar Gärten und Grünanlagen. Eine Oase der Ruhe und des Rückzugs hinter einem Schutzwall aus hohen Pappeln. Fürst Rainier legte sie sich 1957 zu, ein Jahr nach seiner Hochzeit mit Grace. "Meine Eltern suchten einen Ort auf dem Land, einen Ort, an den sie flüchten konnten, wenn ihre Verpflichtungen es zuließen, und wo ihre Kinder die Möglichkeit hatten, in mehr Ruhe aufzuwachsen. Kurz gesagt, freier", erinnert sich Albert.[5]

Pferde, Schafe, Ziegen und Kühe sind auf Roc Agel zu Hause. Jacques und Gabriella können hier unbeschwert zwischen Olivenbäumen mit gackernden Hühnern Fangen spielen. Auf über zweitausend Quadratmetern lässt Albert Auberginen, Tomaten, Lauch, Mangold und

Himbeeren anbauen, die die Familie mit Genuss verspeist. Charlène postete Fotos ihrer Zwillinge, die mit der Schaufel in der Hand neben den Beeten knien.

Eine alte Ulme, die meterweit in den Himmel ragt, brachte Grace Kelly einst als kleines Pflänzchen in der Handtasche mit aus Amerika. Auch der Mais, der heute wächst, stammt aus ihrer Heimat Pennsylvania.

Albert empfindet Roc Agel als magischen Ort, an dem selbst er als Royal und Globetrotter noch staunen kann. Der Fürst will ihn unbedingt erhalten. “Hier wurden meine allerersten Bindungen zur Umwelt geknüpft”,[6] sagt er. Die Liebe, die er für die Natur und alles, was sie den Menschen schenkt, empfindet, gibt er an seine Kinder weiter. “Sie sollen dieses Glück auch erleben.”

Betreuung & Ausbildung

Da die Monegassen extrem viel auf Achse sind, greifen Albert und Charlène seit der Geburt ihrer Zwillinge auf die Hilfe von Nannys zurück. Die Kinder wachsen zweisprachig auf. Sie beherrschen fließend Französisch, die Amtssprache Monacos. Kommt die kleine Familie aber zusammen, unterhält sie sich auf Englisch, da Mama Charlène nur wenig Französisch beherrscht. Dafür brachte sie ihren Kleinen einige Worte südafrikanischer Sprachen bei: Zulu und Afrikaans.

Jacques und Gabriella besuchten ab 2018 zwei Vorschulen, eine private (La Petite École) und eine öffentliche (Stella Nursery School). Albert verriet, dass eine der Schulen ihm schon kleine digitale Zeugnisse für Jacques und Gabriella aufs Handy schicke. “Sie stellen sich beide gut an, verstehen sich mit ihren Klassenkameraden und machen Fortschritte.”[7]

Durch den Schulbesuch seiner Kinder bricht der Fürst mit einer Familientradition: Er und seine Schwestern hatten Privatlehrer, die zu ihnen in den Palast kamen. Doch Jacques und Gabriella sollten beim Lernen von Mitschüler/-innen umgeben werden, so wünschten es sich ihre Eltern. Im September 2021 hatten die Zwillinge ihren ersten Grundschultag an der privaten katholischen Einrichtung François d'Assise-Nicolas Barré nahe des Palastes. Mama Charlène konnte diesen wichtigen Moment im Leben ihrer Kleinen nicht live miterleben. Albert führte seine Zwillinge, die in adretter Schuluniform (rotes Poloshirt mit dunkelblauer Hose beziehungsweise Rock) erschienen, allein aufs Gelände. Was waren die Gründe für Charlènes Abwesenheit, und warum griff Albert nur zwei Monate später doch aufs altbewährte Homeschooling-Prinzip zurück? Alles dazu im Abschnitt "Erziehungsstil".

Hobbys

Wenn du dich richtig reinhängst, kannst du alles erreichen!" Dieser – oder zumindest ein sehr ähnlicher – Leitsatz wird Jacques und seiner Schwester von den Eltern vorgelebt. Denn Mutter und Vater haben durch eigenen Antrieb viel erreicht: Charlène war bis 2007 Profischwimmerin, trat 2000 für Südafrika in der Staffel an und ist zweifache Weltcup-Siegerin über hundert Meter Rücken (2001 und 2002).

Albert nahm als Bobpilot zwischen 1988 und 2002 fünf Mal an Olympischen Winterspielen teil und wird seinen Kindern sicher vermitteln, wie viel Spaß es macht, sich mutig auszuprobieren. Der Monegasse tat das exzessiv: Er war Teilnehmer bei der legendären Rallye Paris-Dakar, fuhr mit einem Hundeschlitten zum Nordpol, gründete eine Plattenfirma und versuchte sich im Kriegsdrama *Rileys letzte Schlacht* von 1999 sogar als Schauspieler. Alberts Interessen sind breit gefächert, und er wird der Letzte sein, der Jacques irgendein Hobby ausredet oder verbietet.

Aber klar, dass es Charlène erst einmal wichtig war, dass ihre Kinder Schwimmen lernen. "Sie kennen bereits mit zwei Jahren alle Schwimmbäder im Fürstentum",[8] sagte die First Lady von Monaco 2017. Sie trainiere regelmäßig mit ihnen, dieser Sport sei für sie wie Meditation. Einerseits wolle sie ihren Kindern die Schönheit des Gefühls vermitteln, durchs Wasser zu gleiten. Viel wichtiger sei es ihr aber gewesen, sie auf diese Weise vor dem Ertrinken zu schützen: "Das hatte für mich natürlich Priorität",[9] betonte sie. "Ich werde es niemals zulassen, dass sie allein und unbeaufsichtigt in einem Schwimmbad gelassen werden. Sie haben beide ein ziemlich rücksichtsloses Temperament."

Bei einem Trip ohne Albert nach Dubai 2019 schenkte Charlène ihren Zwillingen eine Schwimm-Session mit Delfinen in einem Luxusresort – für die zwei natürlich ein ganz besonderes Erlebnis, wie man auf den Strahlefotos sah, die ihre Mutter auf Instagram postete.

Die Aktion ging allerdings nach hinten los: Charlène erntete online einen Shitstorm. Viele Follower beschwerten sich, dass sie diese "Tierquälerei" unterstütze. Noch am selben Tag löschte die Fürstin die Fotos wieder. Albert dürfte die Aktion nicht gefallen haben. Schließlich ernannte ihn die Universität von Cagliari auf Sardinien 2001 zum Ehrendoktor in Meeresbiologie. Der Monegasse fördert zahlreiche Umweltprojekte und wirbt seit Jahren für den Schutz der Meere.

Von daher ist es ihm wahrscheinlich lieber, wenn Jacques sich an Land lebenden Tieren an den Hals wirft. Alberts Vater Rainier rief 1974 das seitdem jährlich stattfindende Internationale Zirkusfestival von Monte-Carlo ins Leben, das die Zwillinge erstmals 2018 besuchten und wo sie in der Manege gleich von einer riesigen Giraffe begrüßt wurden. Die Liebe für den Zirkus eint die monegassische Fürstenfamilie – und da sollen Jacques und Gabriella keine Ausnahme sein. "Die beiden hatten die beste Zeit",[10] freute sich Albert nach dem Termin. "Sie wollen wieder hin!"

Albert legt Jacques und Gabriella auch eine zweite Leidenschaft ans Herz: Wenige Gehminuten vom Palast entfernt besitzt er ein eigenes Automuseum, in dem auf fünftausend Quadratmetern die imposante Sammlung steht, die sein Vater Rainier einst zusammenstellte. Die Monaco Top Cars Collection ist für Jacques wie ein äußerst luxuriöser Spielplatz: Er und seine Schwester dürfen unter den Absperrungen hindurchschlüpfen und sogar in die 120 Old- und Youngtimer steigen[11] – darunter Formel-1-Boliden, Staatskarossen und ein Londoner Taxi aus den 1950er-Jahren, in das sich Jacques' Großmutter Grace Kelly einst bei Dreharbeiten verliebte. Vielleicht erweitert der Junge ja in Zukunft die Sammlung mit seinen vierrädrigen Favoriten.

Charakter

Jacques und Gabriella sind zweieiige Zwillinge, sie haben laut Aussage ihrer Eltern auch sehr unterschiedliche Charaktere. Das zeigte sich bereits wenige Wochen nach der Geburt: "Gabriella ist artig, während Jacques den ganzen Tag Gymnastik macht",[12] erklärte Albert Anfang 2015. Aber diese erste Wahrnehmung drehte sich nach einige Zeit komplett um: Inzwischen sei Jacques das stillere und schüchternere Kind. “Er ist ein toller Beobachter und schätzt eine Situation erst mal ab. Erst dann legt er los”,[13] meint sein Vater. Gabriella dagegen sei extrovertierter und würde ununterbrochen reden. “Sie liebt es zu tanzen und zu singen, hat kein Problem damit, das auch vor anderen Menschen zu tun.” Im Gegensatz zum braveren Jacques tanzt Gabriella auch gern mal aus der Reihe: Nachdem ihre Mutter sich einen mutigen Undercut verpassen ließ (eine Frisur, bei der die untere Kopfhälfte rasiert wird, die Haare oben aber lang bleiben), griff im Sommer 2021 auch ihre Tochter beherzt zur Schere und tauchte auf einem gemeinsamen Instagram-Foto mit dreieckigem Pony auf. “Sorry, meine Bella, ich habe mein Bestes versucht, um den Schaden in Grenzen zu halten”, schrieb Mama Charlène dazu.

So unterschiedlich Jacques und Gabriella charakterlich auch sein mögen, sie lieben sich abgöttisch. Es gibt zig Fotos der Zwillinge, auf denen sie Händchen halten oder sich rührend umarmen – das tun sie bei Volksfesten, auf dem roten Teppich oder auf dem Weihnachtsmarkt. Schön zu sehen, dass die beiden anscheinend gelernt haben, wie wichtig es ist, Gefühle zu zeigen und auszuleben! Jacques und Gabriella halten zusammen wie Pech und Schwefel, das kann man ihnen bei ihrer turbulenten Familiengeschichte auch nur raten. Die beiden werden sich in Zukunft sicher noch gegenseitig eine große Stütze sein.

“Eines ist sicher”, sagt ihre Mutter über Gabriella. “Jacques ist ihr bester Freund, die Liebe ihres

Lebens. Weder Albert noch ich können uns in ihre Beziehung einmischen."[14] Zwischen den beiden gebe es ein ganz besonderes Band, betont Charlène: "Unsere Kinder sind sehr selbstständig und treffen ihre Entscheidungen immer gemeinsam, manchmal sagen sie Nein zu uns, zu ihrem Vater und zu mir. Manchmal regen wir uns darüber sogar ein wenig auf. In diesen Fällen fragen wir uns, was wir falsch gemacht haben könnten. Aber Jacques und Gabriella sind zusammen stark, und das müssen wir akzeptieren."

Die beiden halten immer zusammen, Jacques spielt besonders gern den Beschützer für seine "große" Schwester. 2017 erzählte Albert eine Anekdote aus seinem Alltag mit den beiden: "Neulich bekam Gabriella eine riesige Beule. Und während ich mich um sie kümmerte, sah ich, wie Jacques mit seinen geballten kleinen Fäusten auf den Schreibtisch hämmerte, auf den sie kopfüber gestürzt war, und rief: 'Böser Tisch!'" Jacques nehme Gabriella vor allem und jedem in Schutz. "Nichts ist jemals ihre Schuld. Sie unterstützen sich gegenseitig, trösten sich gegenseitig. Ich kann Stunden damit verbringen, ihnen beim Spielen zuzusehen. Sie sind liebenswert und unerschöpflich, was mich manchmal erschöpft zurücklässt ..."[15]

Erziehungsstil

Charlène galt stets als hingebungsvolle Mutter, das betonte auch ihr Mann immer wieder. In Interviews erklärte sie wenige Monate nach der Geburt, alles um die Zwillinge herum zu organisieren und sogar deren Windeln selbst zu wechseln (achtmal am Tag).[16] Die Fürstin war sich für keine Betreuungsaufgabe zu fein und schien darin aufzugehen. Als Jacques und Gabriella zwei Jahre alt waren, sagte sie: "Es ist ein unglaubliches Alter, in dem sie ständig nach dir fragen.

Von mir getrennt zu leben, scheint ihnen unvorstellbar."[17] Dabei sollte den Kindern einmal genau das bevorstehen – doch zu diesem Zeitpunkt ahnte das noch niemand.

Im Januar 2021 lobte Charlène ausschweifend Alberts Vaterqualitäten. Er rede viel mit den Zwillingen, mache ständig Fotos von ihnen. Es sei ihm wichtig, seine Kinder aufwachsen zu sehen und das gemeinsame Glück "voll auszuschöpfen",[18] meinte sie. "Er liebt jeden Moment, den er mit ihnen verbringt." Während des Nationalfeiertags wenige Wochen zuvor sei Albert "von Emotionen überwältigt" gewesen, als er beobachtet habe, wie Jacques in seiner Uniform einen militärischen Gruß vollführte: "Alles, was sie betrifft, alles, was von ihnen kommt, berührt ihn zutiefst", so Charlène.

Wie gut, dass Albert ein so leidenschaftlicher Papa ist und dem Leben generell mit viel Humor entgegentritt (an Weihnachten ließ er sich mal neben den Zwillingen mit roter Zipfelmütze und Rentierbrille auf der Nase ablichten). Denn nur wenige Monate nach Charlènes Interview stand er in puncto Erziehung plötzlich als Einzelkämpfer da. Im Mai 2021 flog die Fürstin nach Südafrika, um sich dort für den Artenschutz und gegen die Nashornwilderei einzusetzen. Doch aus dem eigentlich mal auf höchstens zehn Tage angelegten Trip[19] wurde ein halbes Jahr, in dem Albert und die Kinder allein in Monaco zurückblieben. Der Palast verkündete, Charlène habe sich eine Hals-Nasen-Ohren-Infektion zugezogen und dürfe vorerst nicht fliegen.

Erneut kamen Gerüchte über eine Ehekrise auf, die Albert später entkräftete: "Sie ist nicht gegangen, weil sie wütend auf mich oder irgendjemand anderen war." Sie habe nur die Arbeit ihrer Stiftung vor Ort begutachten und sich eine Auszeit mit ihrem Bruder und Freunden gönnen wollen.

Was auch immer der Auslöser für die lange Abwesenheit war – es muss für Albert eine Mammutaufgabe gewesen sein, den Kindern alles zu erklären, ihre Fragen zu beantworten, ihnen die Sorgen zu nehmen und die Sehnsucht nach ihrer Mama zu kompensieren. Sollten ihn diese besonderen Umstände an seine Grenzen gebracht haben, ließ er sich davon nach außen nichts anmerken. Der Fürst erzählte höchstens charmante Anekdoten aus dem gemeinsamen Alltag mit Jacques und Gabriella: "Ich habe Probleme, sie dazu zu bringen, morgens zur Schule zu gehen. Wenn sie aufwachen, kommen sie in mein Zimmer, schalten den Fernseher ein und sehen sich Zeichentrickfilme an."[20]

Albert tat alles, um Jacques und Gabriella abzulenken. Der Fürst wurde mit den Zwillingen höchstpersönlich auf einem Spielplatz gesichtet, an Halloween flog er sogar mit ihnen nach Deutschland in den Europa-Park in Rust, um den beiden ein schaurig-schönes Erlebnis zu bieten.

Zweimal besuchten der Fürst und die Kinder Charlène in Südafrika, doch diese Trips fielen äußerst kurz aus. Charlènes Aufenthaltsdauer verlängerte sich indes immer wieder. Es traten Komplikationen auf, sie musste operiert werden. Auch der Fürstin fiel die Trennung von ihren Kindern schwer. Auf Instagram postete sie ein Interview, in dem sie über Jacques und Gabriella sagte: "Ich vermisse sie schrecklich. Wenn es da draußen eine Mutter gibt, die seit Monaten von ihren Kindern getrennt ist, würde sie genauso denken wie ich. Ich kann es kaum erwarten, zu ihnen nach Hause zu kommen."

Anfang November 2021 war es endlich so weit! Charlène kehrte nach Monaco zurück. Doch zu viel mehr als einem "Glücklich vereint"-Foto auf ihrem Instagram-Kanal kam es nicht. Wenige Tage später saß die Fürstin schon wieder in einem Flugzeug Richtung Schweiz, um sich dort in einer Spezialklinik behandeln zu lassen. Kurz nach Charlènes Heimkehr sei ersichtlich gewesen, dass es ihr nicht gut gehe, eröffnete Albert in einem Interview. "Sie hat gemerkt, dass sie Hilfe braucht",[21] sagte er. "Du kannst niemanden zu einer Behandlung zwingen, diese Personen müssen das selbst beschließen." Welcher Therapie oder medizinischen

Behandlung Charlène sich unterzog, gab Albert nicht preis. Aber er entkräftete verschiedene Gerüchte: "Es hat nichts mit Krebs zu tun, es handelt sich auch nicht um plastische Chirurgie oder einen anderen Eingriff im Gesicht." Die Gründe für ihr erneutes Abtauchen seien anderer Natur: "Sie war eindeutig erschöpft, körperlich und seelisch. Sie war überfordert und konnte sich weder den offiziellen Pflichten noch dem Leben im Allgemeinen oder gar dem Familienleben stellen."

Wenige Tage später standen die Zwillinge am Nationalfeiertag ohne ihre Mama auf dem Balkon des Palastes und blickten auf eine ihnen zujubelnde Menge. Doch ihre Gedanken waren anscheinend woanders. Denn Jacques und Gabriella hielten herzzerreißende Schilder in den Händen. In selbst gemalten bunten Buchstaben stand darauf "We miss you Mommy" und "We love you Mommy". Wahrscheinlich in der Hoffnung, dass Charlène die Übertragung der Feierlichkeiten vorm Fernseher oder Computer verfolgen würde.

Letztendlich scheint die Situation die Zwillinge so belastet zu haben, dass ihr Vater besondere Maßnahmen ergriff. "Sie vermissen ihre Mutter",[22] erklärte Albert in einem Interview Ende November 2021. Darum lasse er seine Kinder nun im Palast unterrichten. "Das macht es einfacher." Man habe ein Klassenzimmer mit Blick auf den Garten eingerichtet. Und um ein gewisses Maß an Normalität zu erreichen, würden vier ihrer Mitschüler gemeinsam mit den Zwillingen in der "Palastschule" sitzen. Was war passiert? Hatten andere Klassenkameraden Jacques und Gabriella gemeine Fragen über das Verschwinden ihrer Mutter gestellt? Hatte man sie mit den Gerüchten über eine Ehekrise aufgezogen?

Wie ernst muss die Lage gewesen sein, dass die Fürstin nach dem ersten Schultag ihrer Kinder auch noch deren siebten Geburtstag im Dezember 2021 verpasste? Sie postete Fotos von den Zwillingen mit einem Kuchen in Form einer Sieben und bunten Ballons. Charlène konnte ihnen einen virtuellen Gruß nach Monaco schicken, aber Umarmen war unmöglich. Für beide Seiten sicher ein schmerzvoller Moment.

BUNTE erfuhr exklusiv, dass Albert, Jacques und Gabriella die Fürstin während ihrer gut vier Monate in der Schweiz zweimal besuchten – einen Tag vor Weihnachten und noch einmal im neuen Jahr. Die Kinder brachten ihrer Mama selbst gemalte Bilder mit, sie tauschten Zärtlichkeiten aus. Doch nach nur vier Stunden war die Besuchszeit auch schon wieder vorbei. Eine harte Probe, auf die ihre Beziehung da gestellt wurde. Und die ist noch nicht vorbei. Im April 2022 verließ Charlène die Klinik, nahm in Monaco sogar wieder zusammen mit ihrer Familie Termine wahr.

Richtig glücklich wirkte sie dabei zunächst noch nicht, und es gab – wie immer bei den Monegassen – viel Gerede. Die französische Zeitung *Voici*[23] schrieb sogar, es sei ein neuer Millionenvertrag zwischen Albert und Charlène aufgesetzt worden, in dem es heiße, die Fürstin werde nach Genf umsiedeln und die Kinder würden bei ihrem Vater bleiben. Charlène erhalte eine lukrative Apanage, müsse dafür aber auch weiterhin repräsentative Termine wahrnehmen.

Wenig später aber gab Charlène ein Interview, in dem sie diese Gerüchte dementierte. Die Fürstin bedankte sich überschwänglich bei ihrem Mann, der alles dafür getan habe, "um unsere Kinder und mich zu beschützen".[24] Geschichten über ein mögliches Ehe-Aus oder ihren vermeintlichen Umzugsplan nannte die Fürstin "bedauerlich". Sie räumte ein: "Wir sind Menschen wie alle anderen auch, haben Gefühle

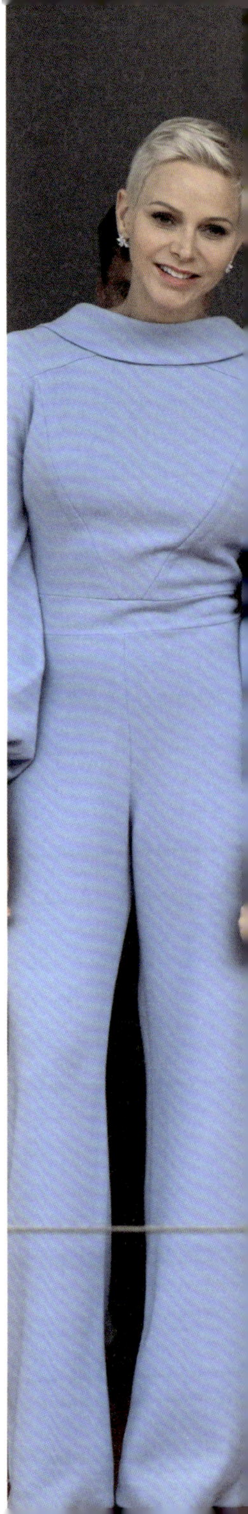

und Schwächen – nur dass unsere Familie den Medien ausgesetzt ist und die kleinste Schwäche ans Licht gerät." Sie stecke jetzt ihre ganze Energie in ihre Familie und ihre Gesundheit, so Charlène. Ihr Weg sei "lang, schwierig und schmerzhaft" gewesen. Sie fühle sich inzwischen gelassener, bezeichnete ihren Gesundheitszustand aber immer noch als fragil. Auch wenn die Fürstin noch nicht wieder hundertprozentig fit ist: Jacques und Gabriella sah man auf neuen Familienfotos an, wie sehr sie sich darüber freuten, endlich wieder beide Elternteile an ihrer Seite zu haben.

Vorbereitung auf die Thronfolge

Albert war 47, als er im Juli 2005 den Thron von Monaco bestieg. Wenige Monate zuvor war sein Vater Rainier nach 56 Jahren als Herrscher über das Fürstentum einer Lungenentzündung erlegen.

Sein Sohn wusste, was zu tun war. Albert war von klein auf darauf vorbereitet worden. Behutsam, aber stetig. Erst begleitete er Vater und Mutter nur zu Terminen, später übernahm er auf diesen eigene kleine Aufgaben. "Unsere Eltern nahmen uns schon früh mit auf offizielle Reisen",[25] erzählt der heutige Fürst. "Als wir klein waren, gingen sie weg und machten ernste Sachen. Wenn sie freihatten, waren sie bei uns." Eine Zeit, die Albert als "wertvoll" bezeichnet. Und genauso macht es der Regent heute mit seinen Kindern. "Es ist fantastisch, diese Art der Erinnerungen mit ihnen zu haben", findet er. Im Herbst 2021 nahm er Jacques und Gabriella im Alter von sechs mit auf ihren ersten Staatsbesuch. Es ging nach Irland, und sie durften ihren Vater ins Trinity College nach Dublin begleiten. Albert hatte eine Million Euro für die Restaurierung der Bibliothek gespendet, sie gilt als größte und schönste des Landes. Die drei bestaunten zusammen die jahrhundertealten Bücher, Gabriella tanzte zwischendurch ein bisschen, und dann beobachteten beide Kinder, wie sich ihr Vater sorgfältig ins dicke Gästebuch eintrug. "In dem Alter kann man sie natürlich noch nicht überallhin mitnehmen",[26] so der Fürst. "Wenn es zu offiziell wird, langweilen sie sich. Man muss sie langsam an öffentliche Auftritte und verschiedene Zeremonien heranführen. Wenn es um eine Reise mit offiziellen Terminen geht, brauchen sie auch einen privaten Teil. Einen, wo es Dinge zu entdecken gibt, die unterhaltsam sind und Spaß machen."

Bevor es wirklich ernst wird, sollen sie ihre Kindheit genießen, die sowieso schon nicht so unbeschwert ist wie vielleicht in anderen Familien. Er hämmere den Zwillingen nicht detailliert ein, was in Zukunft alles von ihnen verlangt werde, betont Albert. Stattdessen erkläre er ihnen erst einmal kindgerecht grundsätzliche Zusammenhänge des royalen Alltags. "Wir wollen sie noch nicht zu sehr ins Scheinwerferlicht stellen." Ob die beiden bei einem Event erscheinen, werde von Fall zu Fall entschieden. "Damit es etwas Besonderes bleibt."[27]

Seit ihrer Geburt zeigen sich die Zwillinge jährlich am Nationalfeiertag, dem 19. November, auf dem Balkon des Fürstenpalastes und winken ihren Landsleuten zu. Seit 2017 machen sie auch mit beim *Arbre de Noël* (dt. Weihnachtsbaum), einer Adventstradition, bei der im Innenhof des Palastes Geschenke an Kinder verteilt werden. Charlène begleitete ihre Kinder eigentlich immer, doch 2021 zogen die Zwillinge den Termin wacker ohne ihre Mama durch, weil die sich zu der Zeit in einer Schweizer Klinik befand. Immerhin hatten sie familiäre Unterstützung: Ihre Tante Stéphanie sowie deren erwachsene Kinder Camille und Louis begleiteten die beiden. Als Mitglieder des Grimaldi-Clans können Jacques und Gabriella darauf vertrauen, dass sie niemals allein dastehen werden. Die Tragweite dieser

Tatsache wird ihnen momentan vielleicht noch nicht bewusst sein. Was für sie zählt, ist das Gefühl der Geborgenheit, das sie sicherlich sehr wohl verspüren. Es verleiht ihnen Selbstvertrauen und Kraft.

Als Jacques und Gabriella gerade mal ein Jahr alt waren, erklärte Albert in einem Interview, das auf der Facebook-Seite des Hofes veröffentlicht wurde, dass sie erst im Alter von "fünf, sechs oder sieben" merken würden, dass die Grimaldis nicht wie andere Familien seien. Wie es dann weitergehe, wollte der australische Journalist Richard Barnes wissen. "Wir erziehen sie nach unseren Überzeugungen", betonte Charlène. "Aber was ihre Leidenschaften sind, müssen sie später selbst herausfinden. Sie sind es dann, die ihre Entscheidungen treffen, nicht ich." Wenn es ähnlich läuft wie bei seinem Vater, bleibt Jacques noch eine Menge Zeit, seine Leidenschaften zu finden und zu pflegen, bis er der nächste Fürst von Monaco wird.

Look

Bei ihrer Taufe machten die Zwillinge ihr erstes großes Fashion-Statement: Sie trugen speziell angefertigte Kleider von Baby Dior mit edler Calais-Spitze, Blumenstickerei und ihren Monogrammen (ein doppeltes J und ein doppeltes G).

Seitdem ist fast jeder ihrer Auftritte ein modischer Hit, denn nullachtfünfzehn gibt es bei Jacques und seiner Schwester nicht. Mit gerade mal acht Monaten erschienen sie auf den Armen ihrer Eltern zum Pique Nique Monegasque, einem traditionellen Sommerpicknick im Princess Antoinette Park in Monaco, barfüßig und in zuckersüßer Mini-Landestracht.

Zur Eröffnung eines Konferenz- und Eventzentrums kamen die beiden Anfang 2019 im coolen Bikerlook: Jacques schritt lässig in Lederjacke,

Jeans und schwarzer Sonnenbrille über den roten Teppich, Gabriella kombinierte zu ihrer Lederjacke einen Petticoat-Rock mit Blumenmuster. Die beiden sind immer für eine Überraschung gut, darum wird ihr Erscheinen von allen Anwesenden sehnlichst erwartet.

Beim monegassischen Nationalfeiertag im November 2019 ließ sich Jacques auf dem Balkon des Palastes erstmals in schwarzer Uniform mit federgeschmücktem Helm, Gürtel und Schulterschnur blicken – ein Herzensbrecher von morgen!

BUNTE-Fun Fact

Wenn Kinder mehr über die Geschichte ihrer Familie erfahren wollen, blättern sie in Fotoalben. Jacques hat noch eine ganz andere Möglichkeit: Er kann über eine Türschwelle in die Vergangenheit treten! 2016 kaufte Fürst Albert für umgerechnet knapp siebenhunderttausend Euro das Haus im amerikanischen Philadelphia, in dem seine Mutter Grace Kelly aufgewachsen ist. Er ließ das rotbraune Backsteingebäude mit den grünen Fensterläden restaurieren und versetzte es mithilfe alter Fotos wieder größtenteils in seinen Originalzustand zurück. An einer Schranktür sind sogar noch die Markierungen zu sehen, die Grace Kellys Eltern machten, um das Wachstum ihrer vier Kinder und ihres Hundes Rinkles festzuhalten.[28]

In den vier Wänden ereignete sich ein geschichtsträchtiger Moment: An Weihnachten 1955 nahm Grace Kelly in ihrem Elternhaus den Heiratsantrag von Fürst Rainier an. Mit ihren Kindern kehrte sie mehrfach dorthin zurück, bis ihre Mutter das Haus Ende der 1970er-Jahre verkaufte. "Das war immer eine tolle Erfahrung", erinnert sich Albert. Wann kommt wohl Jacques in den Genuss seiner ersten nordamerikanischen Zeitreise?

Leonor *von* Spanien

Die Perfektionistin

Bei ihr sitzt jeder Satz, jeder Schritt und jedes modische Detail: Leonor erfüllt als Thronfolgerin restlos alle Hoffnungen ihrer Eltern. Sie hat den Drive, Termine extrem diszipliniert und exakt im Sinne ihrer Familie zu absolvieren. Die Spanierin steht aber auch gleich doppelt unter Druck: Sie ist nicht nur die zukünftige Königin von Spanien, sondern muss auch noch eigenhändig dafür sorgen, dass der Thron noch steht, wenn es so weit ist. Vielleicht hilft es ihr ja, dass sie Linkshänderin ist …

Name & Titel

König Filipe von Spanien re(a)giert auch in Ausnahmesituationen überlegt und effizient. Als seine erste Tochter Leonor am 31. Oktober 2005 knapp drei Wochen zu früh per Kaiserschnitt auf die Welt kam, weil durch Wehen allein nichts vorwärtsging, hatte der Royal, der damals noch Kronprinz war, die Lage voll im Griff: Um 1.46 Uhr gab Leonor ihren ersten Schrei von sich, gegen 5 Uhr schickte der Hof eine SMS an die wichtigsten Nachrichtenstationen des Landes, und gegen 6 Uhr hielt Felipe zusammen mit Dr. Luis Ignacio Recasens Sánchez, der die Kleine geholt hatte, eine Pressekonferenz vor dem Eingang der Madrider Privatklinik Ruber Internacional ab. Wegen des strömenden Regens war dort eilig ein Zelt errichtet worden.

Die Geburt des eigenen Kindes sei “das Schönste, was einem im Leben passieren kann”, verkündete der überglückliche Felipe seinem Publikum.[1] Er sei dabei gewesen und habe seiner Frau Letizia, die nur eine lokale Betäubung erhalten hatte, alles beschrieben, was außerhalb ihres Blickfeldes im Kreißsaal geschehen sei. Das Paar ließ sich vom Geschlecht des Kindes überraschen. Als Felipe es zum ersten Mal auf dem Arm hielt, sei er so überwältigt gewesen, dass er gar nicht darauf geachtet habe, gestand er. Erst als eine Krankenschwester das Baby zum Waschen wegbrachte, habe er gefragt, ob es denn nun ein Junge oder ein Mädchen sei.

Über Namen für beide Geschlechter hatten er und Letizia schon vorab nachgedacht und sich dann im Krankenhaus für Leonor entschieden – “weil er uns gefällt und einen historischen Bezug hat”. Im Mittelalter war der Name Eleonore (und dessen Kurzform Leonor) beliebt in europäischen Herrscherfamilien. Er gelangte wahrscheinlich durch die Mauren nach Spanien und bedeutet auf Arabisch so viel wie “Gott ist mein Licht”.

Der volle Name von Felipes und Letizias Erstgeborener lautet Leonor de Todos los Santos de Borbón y Ortiz, Infantin von Spanien. Dem Vornamen ein "de Todos los Santos" (dt. von Allen Heiligen) hintanzustellen, ist eine Tradition aus dem Hause Borbón, das seit über dreihundert Jahren den spanischen Thron besetzt. Borbón ist der Familienname des spanischen Königshauses, Ortiz der Nachname Letizias – und Infantin der Titel, den Leonor automatisch als Tochter des spanischen Monarchen trägt. Er ist das spanische Äquivalent zur deutschen Prinzessin. Daher wird auch ihre knapp zwei Jahre jüngere Schwester Sofía (* 29. April 2007) als Infantin bezeichnet.

Die korrekte Anrede für Leonor lautet: Ihre Königliche Hoheit, Fürstin von Asturien. Diesen Titel übernahm sie 2014 von ihrer Mutter, als ihre Eltern vom Kronprinzen- zum Königspaar aufstiegen. Zusätzlich wurde Leonor eine Sammlung weiterer klangvoller Titel übertragen: Fürstin von Girona, Fürstin von Viana, Erbin des Königreiches Kastilien, der Krone von Aragón und des Königreiches Navarra, Herzogin von Montblanc, Gräfin von Cervera und Herrin von Balaguer.

Seit der Krönung ihres Vaters steht Leonor an Platz eins der spanischen Thronfolge. Laut der Verfassung ihres Heimatlandes könnte ein jüngerer Bruder sie noch von dieser Position verdrängen, denn männliche Nachkommen gehen vor. Aber im Hinblick auf das Alter ihrer Eltern (beide haben die fünfzig überschritten) ist das wohl eine rein theoretische Möglichkeit, die Familienplanung scheint abgeschlossen. Leonors Geburt löste eine Diskussion darüber aus, ob man die Verfassung ändern solle – und zwar so, dass erstgeborene Kinder unabhängig vom Geschlecht den spanischen Thron besteigen. Doch es blieb bei Wortgefechten, Taten folgten nicht.

Leonor ließ sich vom Aufruhr rund um ihre Geburt jedenfalls nicht aus der Ruhe bringen: Als ihre Mutter sie eine Woche nach der Geburt in einer blütenweißen Decke aus der Klinik trug und der Presse präsentierte, schlief die Infantin tief und fest. Letizia lächelte beseelt und schwärmte so emotional wie selten: "Mutter zu sein kann man nicht beschreiben, man muss es einfach fühlen."[2]

Familie & Freunde

Die spanischen Royals sind diszipliniert bis in die Zehenspitzen und schaffen es größtenteils, perfekte Auftritte hinzulegen. Aber hinter den Kulissen brodelt es ab und an. Manchmal schießt der Ärger sogar vor laufenden Kameras heraus wie Lava aus einem feuerspuckenden Vulkan.

Bei Leonors Taufe im Januar 2006 lief immerhin alles glatt. Auch dieses Event im Zarzuela-Palast, dem Zuhause ihrer Großeltern König Juan Carlos und Königin Sofía in Madrid, verschlief Leonor fast komplett. Lediglich als Erzbischof Antonio María Rouco Varela sie nach alter Familientradition mit Wasser aus dem Jordan benetzte, öffnete sie kurz die Augen.

Juan Carlos und Sofía sind die beiden Taufpaten ihrer Enkelin. Für manche Royal-Kenner eine überraschende Wahl, denn die Beziehung zwischen den beiden und ihrer Schwiegertochter soll von Anfang an – gelinde gesagt – angespannt gewesen sein. Die Autoren des Enthüllungsbuches *La corte de Felipe VI* (dt. Der Hof von Felipe VI.)[3] recherchierten, dass besonders der König die neue Frau an der Seite seines Sohnes mit Verachtung strafte. Sie sei eine "absolut gewöhnliche

Person", soll er gesagt haben und sich daran gestört haben, dass die Journalistin schon eine gescheiterte Ehe hinter sich hatte, als sie Felipe kennenlernte.

Sicher trug es nicht zum Frieden bei, dass Letizia ihrem Zukünftigen bei der Verkündung der Verlobung im November 2003 ins Wort fiel. Vor versammelter Presse erklärte sie, dass sie für die Beziehung zu Felipe ihre berufliche Laufbahn beenden werde. Der Kronprinz wollte Letizia unterbrechen, da empörte sie sich laut: "Lass mich ausreden!"

Im April 2018 kam es auf der Ferieninsel Mallorca zu einer Szene, die viral ging. Videos davon wurden weltweit millionenfach angeklickt. Wer sie sich ansehen will, tippt bei YouTube einfach mal die Schlagworte "Streit" und "Spanien" ins Suchfenster ein.

Was war passiert? Die spanischen Royals besuchten gemeinsam den Ostergottesdienst in der Kathedrale von Palma. Beim Hinausgehen wollte Königin Sofía für die Fotografen mit ihren Enkelinnen posieren. Sie stand zwischen Leonor und der nach ihr benannten Sofía und legte den Mädchen ihre Hände auf die Schulter. Doch Letizia wollte dieses Motiv anscheinend verhindern. Erst tigerte sie vor dem Trio auf und ab, dann trat sie näher und versuchte, die Hand ihrer Schwiegermutter von Leonors Schulter zu lösen. Die damals Zehnjährige reagierte ebenfalls genervt und schubste die Hand ihrer Oma schließlich weg. Vor der Kathedrale ging es weiter, wie andere Videos beweisen: Sofía gab Leonor einen Kuss auf die Stirn, Letizia wischte die Stelle mit der Hand ab.

Felipes Cousine, Marie-Chantal von Griechenland, schrieb daraufhin auf Twitter unter ein Foto der Kathedrale: "Keine Großmutter verdient so eine Behandlung!" Und: "Sie hat jetzt gezeigt, wer sie wirklich ist." Diese Bemerkung war offensichtlich auf Letizia gemünzt.

Während der Palast das Osterdebakel nicht kommentierte, bezeichnete es die spanische *Vanity Fair* als "Duell zwischen Königinnen".[4] Sofía soll sich vor dem Zwischenfall schon häufig darüber beschwert

Leonor
von
Spanien

GEBURTSDATUM:	31. OKTOBER 2005
GEBURTSORT:	MADRID, SPANIEN
ELTERN:	KÖNIGIN LETIZIA UND KÖNIG FELIPE VON SPANIEN
GESCHWISTER:	SOFÍA (29. APRIL 2007)
STERNZEICHEN:	SKORPION
HOBBYS:	BALLETT, CELLO, REITEN

haben, dass sie ihre Enkelinnen nicht oft genug sehe, heißt es in dem Artikel.

Leonor hat sie anscheinend besonders ins Herz geschlossen. Die Thronfolgerin sehe ihr so ähnlich, findet Sofía und zieht zum Vergleich gern alte Kinderfotos von sich heran.[5] Die Wogen scheinen sich seit dem Vorfall auf Mallorca 2014 geglättet zu haben: Denn Leonor und Sofía besuchten ihre Oma in den letzten Jahren wöchentlich.[6]

Die beiden sind nicht nur Schwestern, sondern auch beste Freundinnen. Dieses enge Bündnis muss ihrer Oma gefallen: Denn Königin Sofía und ihre vier Jahre jüngere Schwester Irene von Griechenland sind ebenfalls ein unzertrennliches Team. Irene heiratete nie und zog nach dem Tod ihrer Mutter 1981 bei Sofía im Zarzuela-Palast ein. Als sie an Brustkrebs erkrankte, kümmerte sich Sofía rührend um sie.

Zuhause

Bis Leonor 2021 aufs Internat ging, teilten sie und Sofía sich ein Zimmer.[7] Und dass nicht etwa aus Platzmangel, denn in ihrem Zuhause gibt es weitere 39 Zimmer. Die zukünftige Königin wuchs in einer Villa auf, die eigentlich für einen Junggesellen gebaut wurde – ihren Vater Felipe. 1999 ließ ihr Großvater Juan Carlos den Pabellón del Príncipe (dt. Prinzen-Pavillon) für seinen damals 31-jährigen Sohn errichten. Das war drei Jahre bevor dieser Letizia

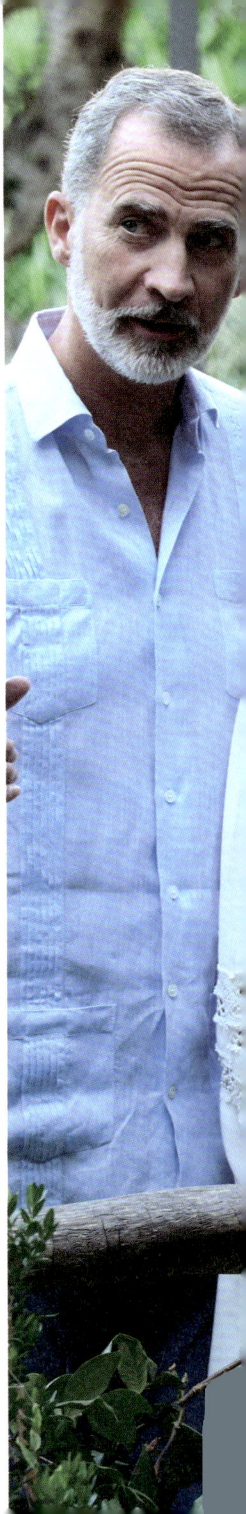

kennenlernte. Die Kosten für das ambitionierte Bauprojekt: 4,2 Millionen Euro.[8] Das terrakottafarbene Anwesen mit dem rostroten Schindeldach steht wenige Hundert Meter entfernt vom Zarzuela-Palast, in den Juan Carlos und Sofía 1962 einzogen.

Der Zarzuela-Palast aus dem 18. Jahrhundert gilt seitdem offiziell als Residenz der Königsfamilie, daher wäre es nur logisch gewesen, dass Felipe nach seiner Thronbesteigung 2014 mit Frau und Kindern dorthin übergesiedelt wäre. Doch er und Letizia entschieden, dass der Immobilienwechsel eine zu große Veränderung für Sofía, damals sieben, und Leonor, fast acht, bedeutet hätte. Die wollten ihnen ihre Eltern nicht zumuten. Felipe und Letizia richteten sich daher nur ihre Büros im Zarzuela-Palast ein.

Im Prinzen-Pavillon stehen der Familie auf vier Stockwerken (inklusive Keller) 1.800 Quadratmeter zur Verfügung. Die Wohnatmosphäre lässt sich als gediegen-klassisch beschreiben: Glänzender weißer Marmor trifft auf Messing, haselnussfarbene Holzvertäfelungen und warme Erdtöne. Über den Kamin in der hellgrün gestrichenen Bibliothek hängte Felipe beim Einzug ein Gemälde seiner Mutter, für den Dachboden plante er ein Fitnessstudio. Die riesigen Fenster im Erdgeschoss und ersten Stock wurden ebenfalls auf den Wunsch des Hausherrn eingebaut: Felipe wollte immer einen freien Blick auf die Berge von El Pardo haben, die sich hinterm Haus inmitten eines Naturschutzgebietes in den Himmel recken. Im Garten mit dem perfekt manikürten Rasen schillert ein türkisfarbener XL-Pool.

Der Prinzen-Pavillon steht auf dem Gelände des Zarzuela-Palastes nordwestlich von Madrid, mitten in einem riesigen Park, in den sich ab und zu Rehe aus dem Naturschutzgebiet verirren. Es gibt dort nicht nur den Pool, sondern auch noch einen Tennisplatz, einen Squashcourt und einige Reitwege, die Juan Carlos für seine älteste Tochter, Infantin Elena, anlegen ließ.

Seit Anfang der 1970er-Jahre reist die Königsfamilie im Sommer traditionell nach Mallorca. Ihre Residenz dort ist der Palacio de Marivent, der so weitläufig ist, dass die Familienmitglieder in unterschiedlichen Trakten und Apartments unterkommen können. Auf Deutsch heißt Marivent Meer und Wind. Sehr treffend, denn das mediterrane Märchenschloss thront auf einem Felsen in Cala Major, am westlichen Stadtrand von Palma. Das Meer kann man von dort aus rauschen hören, eine Jacht steht für Segelausflüge bereit.

Seit 2017 ist der wunderschöne Garten der königlichen Sommerresidenz für Besucher zugänglich, rund vierzig heimische Pflanzenarten und Statuen von Joan Miró können sie bei einem Spaziergang durch die Anlage bewundern. Doch solang die Royals zu Besuch sind (15. Juli bis 15. September), bleibt diese geschlossen. Dort toben sich dann wahrscheinlich die jüngeren Familienmitglieder aus. An einem öffentlichen Strand wurden Leonor und ihre Schwester Sofía noch nie gesichtet, doch man kann sie manchmal mit Mama Letizia oder Oma Sofía durch Palma bummeln sehen.

Betreuung & Ausbildung

Mit Oma Sofía, einer gebürtigen Griechin, spricht Leonor Englisch. Die Sprache hat sie von klein auf ganz nebenbei von ihrem britischen Kindermädchen gelernt. Als Grundschülerin nahm die Thronfolgerin außerdem zweimal pro Woche Mandarinunterricht.[9] Letizia und Felipe klemmen sich dahinter, dass ihre Töchter eine Top-Förderung erhalten!

Nach dem Kindergarten besuchte Leonor ausschließlich Privatschulen: erst wie ihr Vater das Centro Privado de Enseñanza Santa María de los Rosales in Madrid und seit Herbst 2021 das Eliteinternat

United World College Of The Atlantic (UWC) im britischen Wales.

Die Einrichtung wird auch Hogwarts für Hippies genannt. Hogwarts, weil man sich auf der Ritterburg aus dem zwölften Jahrhundert wirklich fühlt wie in einem *Harry Potter*-Film. Und *hippiesque* ist die Philosophie, die von der Schulleitung vertreten wird. Das UWC will "Bildung zu einer Kraft zu machen, die Menschen, Nationen und Kulturen für Frieden und eine nachhaltige Zukunft zusammenbringt".[10] Die Absolventen sollen in den zwei Jahren bis zum Baccalaureate, dem internationalen Abitur, zu "Changemakers" werden, die im besten Fall die Welt verändern.

Kronprinzessin Elisabeth von Belgien (* 25. Oktober 2001) machte 2020 ihren Abschluss am UWC, und parallel mit Leonor ist die gleichaltrige Prinzessin Alexia der Niederlande (* 26. Juni 2005) eingeschrieben. Deren Vater, König Willem-Alexander, legte am selben Ort sein Abitur ab.

Aber der adlige Nachwuchs bleibt in Wales nicht unter sich: Viele finanziell schwächere Schüler besuchen das UWC mithilfe von Teil- oder Vollstipendien – darunter Flüchtlinge aus Afghanistan, Palästina oder dem Jemen. Damit will die Schule die sozioökonomische Diversität sichern. Wer voll zahlt, muss tief in die Tasche greifen: Der spanische Hof gab zügig ein Statement heraus, dass Letizia und Felipe die Schulgebühren von 76.000 Euro für zwei Jahre aus ihrem privaten Vermögen zahlen würden.[11]

Am UWC schlafen je vier Schüler unterschiedlicher Nationalität zusammen in einem Zimmer. Die Bewohner stammen aus über 150 Ländern. Nach dem Unterricht stehen nachmittags gemeinnützige Aktivitäten auf dem Programm: Leonor und ihre Mitschüler geben zum Beispiel Kindern aus der Umgebung Unterricht im Bogenschießen, Kajakfahren oder Klettern. Sie können im großen Garten Gemüse und Blumen pflanzen oder ehrenamtlich im Secondhandladen des Internats arbeiten. Obligatorisch ist ein Campingtrip, bei dem alle Neulinge zwei Tage zusammen im Wald verbringen. Sie schlafen in Zelten, kochen sich ihre Mahlzeiten selbst, und Handys sind verboten.

Eine gute Vorbereitung für Leonors nächsten Schritt: Es ist zu erwarten, dass sie wie ihr Vater eine militärische Ausbildung absolviert. Felipe hat in der Vergangenheit durchklingen lassen, er würde sich wünschen, dass seine Tochter diese Erfahrung mache. Felipe durchlief ab 1985 eine dreijährige Offiziersausbildung an der Militärakademie des spanischen Heeres in Saragossa. Danach studierte er Rechtswissenschaften in Madrid und absolvierte bis 1995 einen Masterstudiengang im Fach Internationale Beziehungen an der Georgetownuniversität in Washington, D.C.

Hobbys

Schon in ihrer Freizeit lernte Leonor, was Disziplin bedeutet: Vor ihrer Zeit im Internat nahm die Infantin jahrelang Ballettunterricht. Das Ziel: eine perfekte Haltung und Ausführung der einzelnen Aufgaben – genau wie es später einmal von ihr erwartet wird.

Dazu kam ab ihrem sechsten Lebensjahr Cellounterricht. Leonors Großmutter Sofía schwärmt für das Instrument und war eng mit Mstislaw Leopoldowitsch Rostropowitsch (1927–2007) befreundet, der als einer der bedeutendsten Cellisten aller Zeiten gilt.[12] Sie traf sich mit ihm, wenn er in Madrid auftrat, und reiste zu seiner Beerdigung nach Moskau.

Leonors dritte große Leidenschaft ist das Reiten. Sie und ihre Schwester Sofía wurden einmal pro Woche auf dem Gelände des Zarzuela-Palastes unterrichtet. Ein paar Tipps erhielten die Mädchen sicher auch von ihrer Tante, Prinzessin Elena, und deren Tochter Victoria Federica, die schon erfolgreich an Springreitturnieren teilnahm.

Leonor und Sofía lieben Tiere aller Art! Während der Sommerferien auf Mallorca steuern sie mit ihren Eltern bevorzugt das Landgut La Granja im Westen der Insel bei Esporles an, wo tierische Bewohner wie Esel, Pfauen und Ziegen zu Hause sind. Nachmittags wird auf dem Gut eine Pferdeshow präsentiert.

Zu ihrer Erstkommunion 2015 bekam Leonor von ihren Eltern einen Labrador Retriever namens Sara geschenkt, an dem sie sehr hängen soll. Fotos von ihr und dem Tier gibt es nicht, da die Royals alles Private unter Verschluss halten und im Gegensatz zu anderen Königsfamilien, wie beispielsweise den Norwegern, keine Freizeitfotos auf Instagram teilen. Der spanische Hof ist im Bereich Social Media besonders zurückhaltend und nur auf Twitter vertreten. Alles, was es über die schokoladenfarbene Sara gibt, sind Gerüchte, und die sind unschön – zumindest für Letizia. Denn im Gegensatz zum Rest der Familie soll sie keine große Tierfreundin sein. Laut verschiedenen Zeitungsberichten[13] hat sie dem Vierbeiner Hausverbot erteilt. Er wird außerhalb des Prinzen-Pavillons von Mitarbeitern betreut, heißt es.

Statt für Tiere kann sich Letizia eher für Kultur begeistern – und hat das Interesse dafür auch bei ihren Töchtern gefördert. Die Königin hat eine Vorliebe für Filme in Originalsprache. Die schaut sie zusammen mit ihren Töchtern. Sie und Felipe gehen mit den Mädchen außerdem regelmäßig zu Tanzvorführungen und Konzerten.[14]

Charakter

Leonor ist Linkshänderin – das konnte man beobachten, als sie sich 2018 in Asturien an der Seite ihrer Eltern ins Ehrenbuch der Basílica de Santa María la Real de Covadonga eintrug. Man sagt, dass Linkshänder sich durch einen Reichtum an Ideen auszeichnen. Dass sie schneller Lösungen für Probleme finden, die auf konventionellem Wege nicht zu beseitigen sind. Eine Eigenschaft, die Leonor in Zukunft sehr zugutekommen könnte.

Und an die Zukunft denkt die junge Frau verstärkt: Während ihre Schwester Sofía eher spontaner Natur sein soll, löchert sie ihren Vater mit Fragen zu seinem (und irgendwann ja auch ihrem) Arbeitsalltag.[15]

Sie hat kein Problem damit, sich an Regeln zu halten, und gibt diese auch pflichtbewusst an ihre Schwester weiter. Einmal hörte jemand, wie sie Sofía ermahnte: “Du musst Antioxidantien essen, die sind gut für die Gesundheit!”[16]

Diejenigen, die Leonor nahestehen, versichern, dass sie eine sensible und freundliche junge Dame ist – aber auch sehr perfektionistisch veranlagt.[17] In ihrer Madrider Schule sei sie stets vorbildlich vorbereitet zum Unterricht erschienen. Die Mutter einer Mitschülerin plauderte aus, dass Letizia sich zweimal pro Monat mit den Lehrern ihrer Tochter getroffen habe, um zu erfahren, wie sich Leonor mache. Aber das sei gar nicht nötig gewesen, so die Insiderin. Leonor sei “superverantwortungsbewusst”, außerdem “intelligent und engagiert”. Sie habe unbedingt beweisen wollen, dass sie durch ihr eigenes Verdienst zu den Klassenbesten zählte und nicht aufgrund ihrer Herkunft.[18]

Leonor denkt vorausschauend und strukturiert. Doch wenige Monate nach ihrem Schulstart in Wales soll etwas passiert sein, was die zu diesem Zeitpunkt 16-Jährige nicht vorausgeplant hatte: Im Internat verliebte sie sich angeblich zum ersten Mal, in einen Schüler aus ihrer Klasse. Viel erfuhr man nicht über ihn – nur dass er "groß, schlank und sehr gut aussehend" sei.[19]

Ob diese Neuigkeit ihre Mutter nervös machte? Letizia verguckte sich im zarten Alter von 15 in einen jungen Lehrer an ihrer Schule: Alonso Guerrero Pérez war zehn Jahre älter als sie, und die beiden wurden ein Paar. Nach zehn Jahren Beziehung heirateten sie 1998, ließen sich aber ein Jahr später wieder scheiden. Nach eigenen Aussagen ist Alonso noch heute gut mit seiner Ex und ihrer königlichen Familie befreundet.[20]

Erziehungsstil

G*ood cop* und *bad cop*: Unter vielen Elternpaaren gibt es eine Aufteilung wie diese. Beim spanischen Königspaar scheint es nicht anders zu sein. Mama Letizia ist, Erzählungen nach, die Strenge, während Papa Felipe seine Töchter nach Strich und Faden verwöhnt.[21]

Letizia soll bei ihren Mädchen großen Wert auf eine gesunde Ernährung legen. Sie selbst ist sportlich und extrem schlank. Es gab sogar Zeiten, in denen sie besorgniserregend dürr aussah. 2011 traf sie bei einem Redaktionsbesuch auf Rocío Ramos-Paul, die im spanischen Fernsehen als Supernanny berühmt geworden war.[22] Letizia soll die Psychologin gefragt haben, wie sie bei ihren Töchtern die Lust auf Süßigkeiten bremsen könne. Die erlaube sie ihnen nur an Wochenenden oder auf Geburtstagsfeiern von Freunden. Ob sie damit auf dem richtigen Weg sei, wollte Letizia wissen. Rocío Ramos-Paul habe ihr von dieser Methode abgeraten und ihr empfohlen, weniger strikt mit den Kleinen zu sein, um schwerwiegende psychologische Folgen zu vermeiden.

Gut für Leonor: Denn sie soll eine ausgesprochene Naschkatze sein. Genau wie ihr Vater Felipe ist sie verrückt nach Schokolade und backt besonders gern damit Kuchen.[23]

Steht im Prinzen-Pavillon eine Geburtstagsparty für seine Töchter an, kümmert sich Felipe liebevoll um die Ausstattung, heißt es: In einem Einkaufszentrum habe der König für die kleine Sofía schon höchstpersönlich Süßigkeiten, Kerzen und andere Kleinigkeiten besorgt.[24]

Aber generell hält wohl Letizia, die ihr Mann privat *la jefa* (dt. die Chefin)[25] nennt, die Zügel in der Hand. "Letizia ist eine Perfektionistin", sagt die Journalistin Carmen Enríquez, die die Monarchin noch aus ihrer Zeit als Fernsehmoderatorin kennt.[26] Letizia braucht anscheinend das Gefühl von Kontrolle, es gibt ihr Sicherheit. Carmen begründet das so: "Sie macht sich Sorgen darüber, was die Leute über sie sagen." In Zeitungsartikeln habe schon gestanden, "dass sie keine Kinder bekommen kann oder magersüchtig ist", so Carmen. Schlagzeilen wie diese kann Letizia nicht beeinflussen, daher versucht sie, zumindest das zu kontrollieren, was sie kontrollieren kann.

Felipe und Letizia haben ihre Töchter lange aus der Öffentlichkeit ferngehalten. Sie nahmen sie kaum zu Terminen mit, und es gab nur wenige offizielle Fotos. Die beiden haben sich immer gewünscht, dass ihre Töchter eine möglichst normale Kindheit erleben. Letizia wurde oft dafür kritisiert, dass sie nicht so viele Termine wahrnehme wie einst ihre Schwiegermutter Sofía. Aber Letizia tat es für ihre Kinder. Sie wollte in der Lage sein, sie nachmittags vom Kindergarten oder der Schule abzuholen und am Wochenende Zeit mit ihnen zu verbringen, statt das Königreich zu repräsentieren. Sie wollte als Mutter wirklich präsent sein und in herausfordernden Momenten als Stütze fungieren. Eine solche ist sie insbesondere für ihre Älteste, der sie dabei half, ihre ersten großen Reden vorzubereiten. Leonor und Sofía würden ihrer Mutter voll vertrauen, sagt jemand, der die Familie kennt. Sie würden mit ihr über alles reden, was sie fühlen und denken.[27]

Für Außenstehende wirken die spanischen Royals recht steif und beherrscht. Doch wenn sie nicht auf ihre Außenwirkung achten müssen, sind auch sie eine ziemlich normale Familie, die füreinander einsteht und sich liebt. Ein Beispiel dafür: Den 54. Geburtstag ihres Vaters am 30. Januar 2022 hätte Leonor eigentlich verpasst, weil der mitten im Schuljahr lag und sie sich in Wales befand. In so einem Fall gibt es auch für eine Prinzessin keinen Sonderurlaub. Daher sollen sich Felipe, Letizia und Sofía in den Flieger gesetzt haben und nach England gereist sein, damit sie an diesem Tag, einem Sonntag, gemeinsam feiern konnten. In solchen Situationen gibt es weder *good cop* noch *bad cop*. Da zählt einfach mal nur der Spaß, ganz unkontrolliert.

Vorbereitung auf die Thronfolge

Es ist noch offen, ob Leonor wirklich irgendwann den Thron besteigt. Denn vielleicht gibt es den gar nicht mehr, wenn sie nach aktuell geltenden Regeln an der Reihe wäre. Die spanische Monarchie kippelt seit Jahren, immer mehr Landsleute wünschen sich nichts sehnlicher, als dass sie abgeschafft wird.

Auf wackeligen Beinen stand das Königshaus schon lange: Felipes Urgroßvater Alfons XIII. (1886–1941) wurde 1931 gestürzt und Spanien zur Republik erklärt. Danach kam Diktator Francisco Franco an die Macht. Er war sich nicht grün mit Felipes Großvater, weshalb der nie den Thron bestieg. Als Franco 1947 wieder die Monarchie einführte, machte er Felipes Vater Juan Carlos zum König. Der bekleckerte sich während seiner Regentschaft nicht gerade mit Ruhm, was ihm den Spitznamen Skandalkönig eintrug und zu seiner Abdankung im Jahr 2014 führte.

2012, als sein Land unter einer schweren Wirtschaftskrise litt, hatte Juan Carlos sich eine Luxusreise nach Botswana gegönnt und dort – als Ehrenpräsident der Natur- und Umweltschutzorganisation WWF – Elefanten gejagt. Das stieß den Spaniern gleich doppelt auf. Im selben Jahr mussten sich seine Tochter Cristina und sein Schwiegersohn Iñaki Urdangarin wegen Korruption vor Gericht verantworten. Sie wurde freigesprochen, er zu fünf Jahren und zehn Monaten Gefängnis verurteilt. Ab 2020 ermittelte die spanische Staatsanwaltschaft gegen Juan Carlos wegen Geldwäsche und der Annahme von Schmiergeldern in Millionenhöhe. Der Altkönig zog sich daraufhin ins Exil nach Abu Dhabi zurück. Die Staatsanwaltschaft stellte ihre Nachforschungen in seinem Fall 2022 aus Mangel an Beweisen ein, aber der Imageschaden, den Juan Carlos dem Königshaus zugefügt hat, ist enorm.

Das neue Königspaar gibt sich alle Mühe, den Karren aus dem Dreck zu ziehen. Bei Felipes Thronbesteigung am 19. Juni 2014 verzichteten er und Letizia in Anbetracht der immer noch wütenden Wirtschaftskrise auf zu viel Pomp. Die beiden versuchen generell, möglichst volksnah, modern und bescheiden zu erscheinen. 2015 brachen Felipe und Letizia daher mit einer Familientradition: Spanische Königskinder erhalten ihre Erstkommunion gewöhnlich im Rahmen einer privaten Zeremonie im Palast. Doch Leonor erlebte sie zusammen mit ihren Schulfreund/-innen in einer Kirche. Dementsprechend trug sie auch nicht, wie in ihrer Heimat oft üblich, ein prächtiges weißes Kleid im Sahnebaiser-Stil, sondern ihre Schuluniform: grauer Rock, blauer Blazer, Krawatte und weiße Bluse. Bei der Messe in der Kirche galt eine alphabetische Sitzordnung, der sich die Royals beugten. Als Mitglieder der Dynastie de Borbón saßen sie in zweiter Reihe neben den anderen Familien, deren Nachname mit B beginnt.[28]

Ab dem Jahr seiner Amtseinführung startete Felipe die "Mission Thronfolgerin". Im Mai 2014 absolvierte seine damals achtjährige Tochter Leonor ihren ersten öffentlichen Termin mit ihren Eltern und ihrer Schwester. Die Familie verfolgte von einer Tribüne aus gemeinsam eine Militärparade mit dreitausend Soldaten.

2018 sprach Leonor das erste Mal in der Öffentlichkeit: An ihrem 13. Geburtstag las sie im Instituto Cervantes in Madrid anlässlich des vierzigjährigen Bestehens der spanischen Verfassung den ersten Absatz daraus vor. Ihr Vater beobachtete sie mit stolzem Blick.

Im Oktober 2019 dann hielt Leonor bei der "Prinzessin-von-Asturien-Preisverleihung" in Oviedo vor 1.400 Anwesenden ihre erste Rede, die auch im Fernsehen übertragen wurde. Sie sprach über vier Minuten lang fließend auf Spanisch, Katalanisch, Englisch und warf sogar ein paar Worte Arabisch mit ein. Im hellblauen Kleidchen und mit offener blonder Mähne wirkte sie engelsgleich. Mit klarer Stimme und einem Lächeln auf den Lippen trug sie ihren Text absolut selbstbewusst vor. Ganz sicher hatte sie für diesen Auftritt ausgiebig geübt und nichts dem Zufall überlassen. Felipe und Letizia, die neben Leonor auf der Bühne saßen, schauten sich vielsagend an. Ganz nach dem Motto: Das macht unsere Große aber gut, oder? Das Publikum im Saal schenkte Leonor einen langen Applaus. Auch Oma Sofía, die einen Ehrensitz hatte, klatschte fleißig mit, und Leonors ebenfalls anwesende Großmutter mütterlicherseits, María de la Paloma Rocasolano Rodríguez, hatte Tränen der Rührung in den Augen. Leonor sprach in ihrer Rede mit Verve über ihren Stolz für ihre Heimat, die sie immer im Herzen trage.

Seitdem bewältigte Leonor 2021 mit Bravour ihren ersten Soloauftritt (wieder im Instituto Cervantes) und ihre zweite Rede bei der Prinzessin-von-Asturien-Preisverleihung. Darin brachte sie ihre Hoffnung zum Ausdruck, dass der jüngeren Generation die Möglichkeit gegeben werde, “die Verantwortung zu übernehmen, über eine nachhaltigere, gerechtere und bessere Zukunft für alle” nachzudenken. Worte, die bei ihren Landsleuten gut ankamen.

Drei Engel für Charlie hieß eine erfolgreiche TV-Serie in den 1970er-Jahren. Wenn Leonor so weitermacht, reicht in Spanien ein einziger blond gelockter Engel, um die Monarchie zu retten.

Look

Zur Erleichterung ihrer Eltern ist Leonor keine Rebellin, auch modisch nicht. Ganz brav verzichtet sie auf Outfits mit tiefem Ausschnitt, die meisten ihrer Röcke oder Kleider reichen züchtig bis übers Knie. In lässigen Sneakers sieht man den Teenager höchstens mal im Mallorca-Urlaub. Sie schlüpft häufig in bequeme, aber elegante Ballerinas. Mit High Heels muss sie sich noch anfreunden: Bei der Prinzessin-von-Asturien-Preisverleihung im Oktober 2021 trug Leonor zum ersten Mal Schuhe mit richtig hohem Absatz und lief damit noch recht unsicher über den roten Teppich, der an diesem Tag königsblau war. Als im Gebäude ein paar Stufen zu bewältigen waren, griff sie nach der Hand ihrer Schwester und ließ sich beim Hinaufgehen unauffällig von ihr stützen.

Mama Letizia gilt als absolute Fashion-Ikone, sie wirkt immer wie aus dem Ei gepellt. Ihren Modestil hat die Monarchin über die Jahre weiterentwickelt: Während sie sich in der Zeit nach der Hochzeit noch stark ans strenge spanische Hofprotokoll hielt, traut sie sich seitdem mehr und mehr. Sie mag keine wilden Muster oder auffälligen Accessoires, setzt stattdessen auf satte Farben und figurbetonte Schnitte.

Dabei kombiniert sie teure Teile von Carolina Herrera oder Hugo Boss mit günstigeren Marken wie Mango, Zara oder Massimo Dutti.

Alles Labels, auf die auch Leonor setzt. Überhaupt scheint sie sich modisch einiges von ihrer Mutter abzugucken: Sie trägt häufig unifarbene, taillierte Kleider, die dann aber auch mal in einer Knallerfarbe daherkommen dürfen. Dazu kaum Make-up und die langen blonden Haare offen oder zum Pferdeschwanz zurückgebunden.

Es kommt häufig vor, dass sich Töchter mal am Kleiderschrank ihrer Mütter bedienen. Im März 2022 war es bei den spanischen Royals allerdings andersherum: Die Jugendstiftung FAD in Madrid besuchte Letizia in einem kurzen weißen Wollmantel von Carolina Herrera. Den hatte Leonor zuerst ausgeführt – und zwar schon 2020. Wer weiß? Vielleicht wird sie in Zukunft zur neuen Trendsetterin in der Familie.

BUNTE-Fun Fact

Stammzellen von Leonor lagern tiefgefroren bei minus 196 Grad in Amerika! Gleich nach ihrer Geburt ließen Felipe und Letizia Blut aus der Nabelschnur ihrer Tochter entnehmen, das an die US-Firma Cord Blood Registry (CBR) mit Sitz in Tucson, Arizona, geschickt wurde.[29] Nabelschnurblut enthält sogenannte Blutstammzellen, die denen aus dem menschlichen Knochenmark ähneln. Für das Königspaar ist es eine Art Versicherung für die Zukunft: Sie hoffen, dass die Zellen helfen können, falls ihre Tochter einmal schwer erkranken sollte. Stammzellen werden zum Beispiel im Kampf gegen Leukämie verwendet, die Wissenschaft erforscht emsig weitere Einsatzmöglichkeiten.

Ingrid *von* Norwegen

Die Actionprinzessin

Höher, schneller, weiter! Ingrid gibt rekordverdächtig Vollgas, mit Vorliebe auf Surfbrett oder Skiern. Die Norwegerin ist hungrig auf Abenteuer und hat keine Angst davor, sich dabei die Hände schmutzig zu machen. Schließlich ist sie auf einem Bauernhof aufgewachsen und schläft am liebsten im Zelt. Ihre Willenskraft lodert wie ein olympisches Feuer, geschürt von der Herzenswärme, die ihre Familie ihr aus allen Richtungen entgegenbringt. Ingrid ist äußerst ehrgeizig und zäh, doch eine Goldmedaille hätte sie jetzt schon für eine andere Superkraft verdient: ihre

Fähigkeit, sich mit Herz und Verstand in Menschen und Situationen hineinzufühlen.

Name & Titel

Um Ingrids Rolle in der Gegenwart und Zukunft zu verstehen, macht es Sinn, einen kurzen Ausflug in die Vergangenheit ihrer Heimat zu unternehmen. Also bitte einmal zurück ins späte 14. Jahrhundert mit seinen Machtkämpfen und Allianzen – quasi eine reale Version von *Game of Thrones*. Ab 1397 bildeten die Königreiche Norwegen, Dänemark und Schweden für 126 Jahre eine Union. Das hatte den Vorteil, dass sie mit geballter Kraft ihren Feinden trotzen konnten. Diesen skandinavischen Verbund regierte Margrete I. (1353–1412), was ihr als Frau nur aufgrund außergewöhnlicher Umstände möglich war: Ihr Vater, ihr Mann und ihr minderjähriger Sohn waren gestorben, und es gab keinen männlichen Thronfolger. Aber gekrönt wurde Margrete nie, und bis heute ist sie die einzige weibliche Ausnahme in einer langen Liste männlicher Monarchen.

Genau darum wird Ihre Hoheit Ingrid Alexandra, Prinzessin von Norwegen, Geschichte schreiben. Die Tochter von Kronprinz Haakon und Kronprinzessin Mette-Marit besteigt einmal als erste Frau ganz offiziell den Thron ihres Landes! Das geht dank einer Änderung der norwegischen Verfassung im Jahr 1990. Seitdem gilt, dass die Krone unabhängig vom Geschlecht auf das älteste Kind des Königspaars übergeht. Ingrid, die am 21. Januar 2004 im Osloer Rikshospitalet das Licht der Welt erblickte, kommt als Erstgeborene vor ihrem knapp zwei Jahre jüngeren Bruder Sverre Magnus (* 3. Dezember 2005) zum Zug.

Eine große Aufgabe, für die ihr zwei starke Namen mit auf den Weg gegeben wurden: Ingrid und Alexandra sind traditionell nordisch, daher in Norwegen sehr beliebt. Sie symbolisieren außerdem die bis heute bestehende Verbundenheit zwischen den skandinavischen Königreichen. Der Rufname erinnert an Prinzessin Ingrid von Schweden (1910–2000). Sie war die Mutter der aktuellen dänischen Königin Margrethe II., die eng mit den norwegischen Royals befreundet ist. So eng, dass die künstlerisch begabte Margrethe das schwungvolle Monogramm von Ingrid entworfen hat, das auf Einladungen oder Briefpapier prangt: ihre gespiegelten Initialen (IA) unter einer Krone.

Ingrid Alexandras zweiter Vorname ist eine Anspielung auf ihren Urgroßvater: den in Dänemark geborenen Prinz Alexander Edvard Christian Frederik (1903–1991), der 1957 unter dem Namen Olav V. König von Norwegen wurde.

Olav V. entstammte dem Haus Schleswig-Holstein-Sonderburg-Glücksburg, daher trägt Ingrid wie er diesen Nachnamen. Der wird aber zugunsten ihres Titels Prinzessin von Schweden weggelassen.

Familie & Freunde

Die Nummer zwei der norwegischen Thronfolge wurde in eine Patchworkfamilie hineingeboren: Ihre bürgerliche Mutter brachte einen Sohn aus einer früheren Beziehung mit in die Ehe. Marius Borg Høiby (* 13. Januar 1997) hatte gerade seinen siebten Geburtstag gefeiert, als Ingrid ihren ersten Atemzug machte. Haakon und Mette-Marit ließen ihre Kinder von Anfang an spüren, dass es trotz der Thronfolgeregelung innerhalb der Familie keine Rangordnung geben würde.

Als Baby Ingrid im Januar 2004 aus dem Krankenhaus nach Hause kam, nahmen alle gemeinsam auf dem Sofa Platz: Papa Haakon mit seinen Eltern König Harald und Königin Sonja, Mama Mette-Marit mit ihrer Mutter Marit Tjessem und dem kleinen Marius. Ein Moment voller Liebe, an den sich Haakon auch 15 Jahre später noch haargenau erinnern konnte. In einer Rede, die er für seine Tochter anlässlich ihrer Konfirmation hielt, beschrieb er die emotionale Szene: "Du lagst im Schoß deiner Mutter, und ich trug laut die letzten zwei Kapitel von *Die Brüder Löwenherz* vor, dem Buch, das wir gerade mit Marius lasen."[1] Es sei auf den Seiten darum gegangen, wie man kämpfen und Mut aufbringen müsse, um das Licht zu erreichen. "Das war eine gute Art, dein Leben zu starten", so Haakon.

Ihr Leben begann im Schoß der Familie – und dort fühlt sich Ingrid nach wie vor geborgen. "Ihr habt mir eine sichere Kindheit voller Liebe, Fürsorge und glücklicher Erfahrungen geschenkt", sagte sie 2019, ebenfalls am Tag ihrer Konfirmation, zu ihren engsten Familienmitgliedern. "Ich weiß, dass ich mich sehr glücklich schätzen kann."

Gemeinschaft und Zusammenhalt werden bei den norwegischen Royals großgeschrieben! Geburtstage, Feiertage und andere wichtige Anlässe werden im Familienverbund zelebriert, genau wie Ingrids Taufe am 17. April 2004 in der mit rosafarbenen Rosen, Hortensien und Weidenkätzchen geschmückten Schlosskirche in Oslo. Als der Bischof die kleine Prinzessin mit Wasser benetzte, brüllte sie so laut, dass ihr Halbbruder Marius sich die Ohren zuhielt. Ingrid trug das 101 Jahre alte Taufkleid ihres Urgroßvaters Olav V. und wurde von ihrem Großvater Harald übers Becken gehalten. Er ist einer ihrer sechs Taufpaten, und Ingrid verbringt viel Zeit mit ihm. Sie ist fest davon überzeugt, einige Eigenschaften von ihm geerbt zu haben, darunter seinen Wettbewerbsgeist. Aber vor allem liebt sie es, dass er sie zum Lachen bringt. Nicht überraschend also, dass sich unter den Fotos auf dem Handy des Teenagers viele Selfies mit Opa befinden.[2]

Harald richtete bei ihrer Konfirmation rührende Worte an seine Enkelin: Jeder habe die Möglichkeit, sein Leben nach eigenem Wunsch mit

Ingrid *von* Norwegen

GEBURTSDATUM:	21. JANUAR 2004
GEBURTSORT:	OSLO, NORWEGEN
ELTERN:	KRONPRINZ HAAKON UND KRONPRINZESSIN METTE-MARIT VON NORWEGEN
GESCHWISTER:	SVERRE MAGNUS (3. DEZEMBER 2005) UND MARIUS BORG HØIBY (13. JANUAR 1997, HALBBRUDER)
STERNZEICHEN:	WASSERMANN
HOBBYS:	SURFEN, SKIFAHREN

Sinn zu füllen und das Beste aus den vorhandenen Rahmenbedingungen zu machen. "Du hast auch diese Möglichkeit. Als König, Patenonkel und Großvater möchte ich dir heute einen Rat mitgeben: Sei du selbst! Finde deinen eigenen Weg. Jeder Versuch, jemand anderes zu sein, geht nach hinten los und macht dich schwach. Vertraue darauf, dass du genug bist, so wie du bist!" Statt die zukünftige Königin in ein (höfisches) Korsett zu zwängen, schenkt er ihr Freiraum. Er belehrt nicht, er inspiriert. Lässt Ideen und Gefühle wachsen. Opa Harald ist Ingrids Polarstern: Er strahlt hell für sie, nach ihm richtet sie sich vertrauensvoll aus.

Oma Marit Tjessem gibt ihrem Patenkind seit der Geburt ein unerschütterliches Gefühl von Sicherheit. Marit kümmerte sich in der Vergangenheit um Ingrid und ihre Geschwister, wenn Haakon und Mette-Marit auf Reisen waren. Sie wechselte Windeln, trocknete Tränen, verteilte Umarmungen und stapelweise selbst gemachte Pfannkuchen. Die Prinzessin bezeichnet sie als "großen Teil meines Lebens" und bedankte sich einmal bei Oma Marit dafür, dass sie ihr beigebracht habe, "den besten Sahnekuchen der Welt" zu backen.

Taufpatin Nummer drei ist Ingrids Tante, Prinzessin Märtha Louise von Norwegen. Die ältere Schwester von Kronprinz Haakon machte ihrer Nichte ein besonders wertvolles Geschenk: das der Freundschaft. Ihre älteste Tochter Maud Angelica Behn (* 29. April 2003) ist nur neun Monate älter als Ingrid. Die Mädchen teilten von klein auf alles miteinander – neben schönen Erlebnissen wie gemeinsamen Reisen auch einen tragischen Schicksalsschlag. Am 25. Dezember 2019 nahm sich Ari Behn, Märtha Louises Ex-Mann und der Vater ihrer Töchter, im Alter von 47 Jahren das Leben. Der Künstler hatte davor jahrelang unter Depressionen gelitten.

Maud und ihre Schwestern seien "durch das Schlimmste gegangen, was ein Kind wohl erleben kann", urteilt Ingrid. "Und trotzdem sind sie immer noch so positiv und fröhlich und versuchen, das Beste aus der

Situation zu machen." Ihre drei Cousinen sind schon in jungen Jahren echte Kämpferinnen. Von ihnen hat sie sich abgeschaut, wie man auch den wildesten Lebensstürmen trotzt. Darum zählt Ingrid die Mädchen zu ihren "größten Vorbildern". Zu ihnen sieht sie auf, genau wie zu ihren beiden Brüdern. Besonders zum großen Marius. "Nicht, weil er so cool ist", betont sie. "Sondern wegen der Loyalität, die er anderen entgegenbringt."

Loyalität ist für eine zukünftige Königin von extremer Relevanz. Ingrid hat einen Freundeskreis, auf den sie sich verlassen kann. Er setzt sich größtenteils aus Kindern zusammen, die sie auf unterschiedlichen Schulen kennenlernte. Sie alle halten zusammen, es dringen keine privaten Details nach außen. Aber wahrscheinlich kann nicht jeder Junge oder jedes Mädchen nachvollziehen, wie es ist, als Thronfolgerin in spe den Alltag zu bewältigen. Wie man mit der Verantwortung umgeht, die manchmal verdammt schwer auf den Schultern lastet. Wie man einerseits seine Mammutaufgabe im Auge behält, aber andererseits auch die eigenen Wünsche. Wenn sich Ingrid über Themen wie diese austauschen möchte, macht sie das mit Thronfolgern aus anderen europäischen Königshäusern. Viele davon sind in ähnlichem Alter. Ingrids Patenteam wird abgerundet durch Kronprinzessin Victoria von Schweden, Kronprinz Frederik von Dänemark und König Felipe von Spanien. Mit ihnen und ihren Kindern steht sie in gutem Kontakt.

Aber ihre "besten Freunde", so sieht es zumindest Mama Mette-Marit, haben feuchte Nasen und schwarze Knopfaugen. Seit Ingrid fünf Jahre alt ist, wächst sie mit Hunden auf. 2009 nahmen ihre Eltern zunächst die pechschwarze Labradoodle-Dame Milly Kakao bei sich auf. Sie brachte 2013 im Wohnzimmer der Familie neun Welpen zur Welt, von denen einer bleiben durfte. Muffins Krakebolle (dt. Seeigel) wurde die neue Gefährtin getauft – und machte fortan alles mit: Die Hündin ließ sich von den Kindern bereitwillig verkleiden, auf Skier stellen

und ganz fest knuddeln. Milly und Muffins durften die Royals bei offiziellen Auftritten und in den Urlaub begleiten, wie vollwertige Familienmitglieder. Dementsprechend hart war der Schlag, als Muffins im Sommer 2021 den Kampf gegen den Krebs verlor. Haakon und Mette-Marit hatten alle medizinischen Hebel in Bewegung gesetzt, um sie zu retten, doch schließlich war die Krankheit stärker. Ingrid muss es das Herz gebrochen haben. Doch statt innerlich aus Trauer Mauern zu bauen, öffneten sie und ihre Familie sich für Neues: An Weihnachten 2021 holten sie den haselnussbraunen Labradoodle Molly Fiskebolle (dt. Fischkloß) zu sich. Ganz gerührt und wie ein Baby hielt Ingrid den Vierbeiner auf Fotos im Arm. Das Leben geht weiter, die Liebe geht weiter. So hat es Ingrid von ihren Vorbildern gelernt.

Zuhause

Eine Prinzessin, die auf einem Bauernhof lebt? Das gibt es nur in Norwegen. Ingrids Zuhause heißt Skaugum und ist ein von der Königlichen Garde bewachtes Landgut knapp dreißig Autominuten südwestlich von Oslo. Als sie zur Welt kam, muhten dort noch über 110 Kühe, deren Milch verkauft wurde. 2010 gaben Haakon und Mette-Marit die Viehwirtschaft auf, aber 48 Hektar Land werden weiterhin bewirtschaftet. Den Royals gehört außerdem ein etwa gleich großer Wald, der hinterm Haus beginnt.

Skaugum besteht aus einem schneeweißen zweistöckigen Hauptgebäude mit grünen Fensterläden, einer u-förmigen Scheune mit rotem Schindeldach und einigen kleineren Gebäuden. Der Landsitz thront erhöht über dem Dorf Asker, von den privaten Räumen im oberen Stockwerk aus blickt man über ein Meer aus grünen Baumkronen, dahinter glitzert der Oslofjord in der Sonne. Für die Kinder aber stellt sicher der rechteckige Pool im Garten die größte Attraktion dar.

1930 brannte das Originalhaus komplett nieder, das jetzige Gebäude wurde von Stararchitekt Arnstein Arneberg geplant, der unter anderem das Rathaus von Oslo entwarf sowie den Sitzungssaal des UN-Sicherheitsrats in New York. Schon Ingrids Urgroßvater König Olav V. lebte auf dem Anwesen, danach ihr Großvater und seit 2003 nach einer aufwendigen Renovierung ihre Eltern. Während die privaten Gemächer heute modern und clean gehalten sind – viel helles Beige und Schwarz-Weiß-Fotografien an den Wänden –, werden die repräsentativen Räume im Erdgeschoss von Antiquitäten beherrscht. Alles ist plüschiger und bunter, Wände in Rauchblau oder Sonnengelb sorgen für ein Extra an Behaglichkeit.

Das Haus, das dieser Tage voller Leben ist, hat teilweise eine düstere Vergangenheit. Die spürte Ingrids Tante Prinzessin Märtha Louise bis in die Fingerspitzen. Die Norwegerin, die einen Hang zum Übersinnlichen hat und 2007 eine eigene Engelsschule eröffnete, wuchs mit ihrem Bruder Haakon auf Skaugum auf und verriet 2021, dass sie in ihrem Kinderzimmer nie gut geschlafen habe. "Ich hatte Erstickungsgefühle und all das."[3] Erst im Erwachsenenalter hätten ihre Eltern Harald und Sonja ihr von dem Drama erzählt, das sich genau an diesem Ort abgespielt hatte. Skaugum war im Zweiten Weltkrieg von den Nazis besetzt, mehrere nahmen sich dort 1945 am Tag der bedingungslosen Kapitulation der Wehrmacht das Leben. "Einer der Nazis beging in meinem Zimmer

Suizid", weiß Märtha Louise nun. "Deshalb hatte ich dort Albträume, das verstehe ich jetzt."

Wahrscheinlich ist es gut, dass kein anderes Mitglied der norwegischen Familie so feine Antennen hat wie Märtha Louise. Von weiteren Schlafproblemen auf Gut Skaugum ist nichts bekannt.

Die norwegischen Royals lieben das Landleben. Aber manchmal ist es ihnen noch nicht ruhig genug. Wenn sie richtig Abstand nehmen wollen, fahren sie mit dem Auto rund drei Stunden die Küste runter und setzen über auf ihre eigene Insel Flatholmen, die Haakon und Mette-Marit 2008 für rund eine Million Euro kauften.[4] Das Mini-Eiland ist felsig, verfügt aber über eine kleine Liegewiese und einen eigenen Strand. Das einzige Gebäude ist ein Cottage aus den 1960er-Jahren.

2009 ließ das Kronprinzenpaar außerdem im Skigebiet Uvdal ein nachhaltiges Öko-Chalet errichten: 150 Quadratmeter groß, komplett aus Holz, große Panoramafenster bieten einen gigantischen Blick über die umliegende Bergwelt.[5] Viel Natur, wenig Menschen – so haben sie es gern.

Betreuung & Ausbildung

Haakon und Mette-Marit legen großen Wert darauf, dass ihre Tochter so bodenständig wie möglich aufwächst. In Asker wurde sie erst bei einem öffentlichen Kindergarten angemeldet, danach in der Jansløkka-Grundschule, die keine zehn Gehminuten von Gut Skaugum entfernt liegt. Den Schulweg bestritt Ingrid zusammen mit ihrem großen Bruder Marius, der dieselbe Schule besuchte. Von 2014 bis 2019 schickten ihre Eltern sie auf die Oslo International School in Bekkestua, um Ingrids Englischkenntnisse zu perfektionieren – denn der Unterricht wird dort ausschließlich in der Fremdsprache abgehalten.

Auf eigenen Wunsch wechselte die Prinzessin wieder ins norwegische Schulsystem und ging für ein Jahr auf die Uranienborg Skole in Oslo. Seit August 2020 besucht sie die gymnasiale Oberstufe der Elvebakken Videregående Skole unweit des Königspalastes in Oslo. Wer hier aufgenommen werden will, braucht Topnoten, es gibt einen harten Bewerbungsprozess, den Ingrid ganz regulär durchlief. Ihre aktuellen Lieblingsfächer sind Chemie, Englisch und Humangeografie –[6] ein Fach, das sich damit befasst, wie der Mensch durch sein Handeln seine Umwelt verändert.

Was kommt für Ingrid nach der Schule? Darüber schweigt sie sich noch aus. Möglich wäre eine militärische Ausbildung, so wie sie Papa Haakon nach seinem Abitur 1992 absolviert hat. Aber Pflicht ist die für sie als zukünftige Thronfolgerin nicht. Allerdings hat Ingrid schon mehrfach Militärstützpunkte besucht – und dabei als Adrenalinjunkie viel Spaß gehabt. Einmal durfte sie in einem Kampfjet mitfliegen, ein anderes Mal sprang sie (natürlich gesichert) von einem zwölf Meter hohen Turm.

Ingrid schaut sich gern Fernsehserien an, in denen es um Recht und Unrecht geht (*Suits, White Collar*), aber auch *The Good Doctor* hat es der Teenagerin angetan.[7] Ob man daraus einen Berufswunsch ableiten könne, wollte eine Journalistin von ihr wissen. Da antwortete Ingrid nur lachend: “Meine Mama möchte, dass ich Ärztin werde. Aber wir werden sehen ...” Eine Queen im weißen Kittel – das wäre doch mal was!

Hobbys

Auch eine Prinzessin muss mal Dampf ablassen. Ingrid macht das beim Kickboxen. Da ist sie mit ganzem Körpereinsatz dabei und darf sich so gar nicht königlich verhalten. Genau wie ihre Eltern und ihr Bruder Sverre Magnus ist sie außerdem eine leidenschaftliche Surferin und Skifahrerin.

Im Oktober 2020 wurde sie sogar norwegische Juniorenmeisterin im Surfen und nahm eine Goldmedaille mit nach Hause. An einem steinigen Strandabschnitt in Jæren, im Südwesten Norwegens, stieg Ingrid mit einem schwarzen Kapuzen-Neoprenanzug ins eiskalte Wasser und ritt, bejubelt von ihren Eltern, eine Welle nach der anderen. Bescheiden, wie sie ist, spielt Ingrid ihre Auszeichnung herunter. Sie habe spontan mit einigen Freundinnen mitgemacht, weil noch Teilnehmende in ihrer Altersklasse gefehlt hätten. "Eine davon hatte vorher erst zweimal auf einem Surfboard gestanden. Ich siegte, und es wurde alles ein bisschen größer als gedacht. Ich weiß nicht, ob ich diesen Titel wirklich verdiene, aber er gehört mir", sagt Ingrid.[8]

Wer weiß, vielleicht tritt sie ja eines Tages bei den Olympischen Spielen im Surfteam ihres Landes an? Ausgeschlossen ist es nicht, wenn sie weiter trainiert wie bisher. Opa Harald würde das ganz sicher gefallen. Denn er nahm bereits dreimal (1964, 1968 und 1972) als Segler an den Spielen teil. Im Alter von 79 fuhr er bei der Segel-Weltmeisterschaft im kanadischen Toronto 2016 mit seiner Mannschaft einen zweiten Platz in der klassischen Flottenkategorie ein. Die kanadische Zeitung *National Post* ernannte ihn zum "Sailor King", weil er während des Wettbewerbes nicht im Hotel schlief, sondern im Hafen auf seiner Jacht Norge.

Beim Sport ist Ingrid genauso ehrgeizig wie ihr Großvater. Zu ihrem 18. Geburtstag lud der Hof online ein Ski-Video von der Prinzessin hoch, in dem sie im Blitztempo eine Piste hinabwedelt und lässig über eine Schanze springt. Ingrid selbst hat erzählt, dass sie mit Freunden häufig Sporturlaube unternimmt und sie in anderen Ländern an Wettbewerben teilnehmen.[9] Sie möge das Gefühl, durchs Surfen und Skifahren Teil einer "Community" zu sein. "Wir haben viel Spaß zusammen und kommen auf die verrücktesten Ideen." Ganz oben auf ihrer Reiseliste steht Japan. "Die haben guten Pulverschnee!"

Noch ist die Natur ihr Habitat, nicht der Palast. Ingrid kostet jede Sekunde ihrer Freiheit aus. Ihr Vater weiß, wie viel die seiner Tochter bedeutet – und warum ihre Ausflüge so wichtig für sie sind: "Die Natur gibt einem ein Gefühl von Frieden und Kontrolle", erklärte er anlässlich ihrer Konfirmation. "Wenn du mit vollem Tempo in einen Wald hineinfährst oder allein draußen surfst, bist du furchtlos."

Charakter

Eine Prinzessin auf der Erbse? Das ist Ingrid ganz und gar nicht. Im Gegenteil: Am besten schlafen kann sie draußen unterm Sternenhimmel, auf dem Boden eines Zeltes.[10] Ihre Eltern packten sie nie in Watte. Haakon und Mette-Marit zogen ihre Tochter schon als Baby bei tagelangen Skitouren durch Norwegen in einem Schlitten hinter sich her. Erfahrungen wie diese haben die zukünftige Königin abgehärtet.

Ihr Vater ruft sich gern ein gemeinsames Surferlebnis in Mexiko ins Gedächtnis, das einige Jahre zurückliegt. Obwohl Haakon seine Tochter warnte, dass er ihr nicht mehr so einfach helfen könne, sobald die

Wellen eine gewisse Höhe erreicht hätten, habe Ingrid unbedingt mit ihm raus aufs Wasser gewollt. Beide wurden von der Brandung herumgewirbelt, unter Wasser gedrückt und Richtung Ufer gespült. Entschlossen und schwer atmend sei Ingrid erneut rausgepaddelt – und habe es schließlich geschafft, eine Welle zu reiten! Triumphierend sei sie zu Haakon zurückgekehrt. In dieser Erzählung liege eine gute Lektion, findet er: "Wenn du etwas erreichen willst, musst du es weiter versuchen und bereit sein einzustecken." Ingrid habe bewiesen, dass sie Mut und Durchhaltevermögen besitze. Ihre Stärke sei nicht jedem gegeben, hebt auch Mama Mette-Marit hervor. Sie und ihr Mann hätten nie auch nur eine Minute daran gezweifelt, dass ihre Tochter mit hoch erhobenem Kopf durchs Leben gehen werde.

Neben dieser starken Seite hat Ingrid aber auch eine weiche. Ihre Eltern loben sie für ihr Einfühlungsvermögen. Mit dieser Charaktereigenschaft konnte sie in einer Zeit glänzen, die für ihre Familie besonders schwer war: 2018 wurde bei ihrer Mutter eine Lungenfibrose diagnostiziert – eine Krankheit, bei der die Lunge durch chronische Entzündungen des Bindegewebes vernarbt ist. Lungenfibrose ist unheilbar und kann tödlich verlaufen. Ein Schock für die norwegischen Royals!

Mette-Marit kann seitdem nur noch eingeschränkt Termine wahrnehmen, es gibt bessere und schlechtere Tage. In einem TV-Interview meinte sie tapfer: "Es ist wichtig, dass man lernt, mit der Unsicherheit zu leben. Ich habe sehr liebe Menschen um mich herum und bin sehr optimistisch mit Blick auf die Zukunft."[11]

Ingrid ist einer dieser Menschen. Als sie klein war und noch nicht schreiben konnte, bat sie Papa Haakon, Nachrichten für ihre Mutter zu verfassen. Einer dieser Zettel hängt noch immer am Kühlschrank der Familie: "Ich liebe dich, Mama. Du bist eine sehr gute Freundin. Kann ich bitte ein kleines Rennauto haben? In Liebe, Ingrid"[12]

Inzwischen hinterlasse ihr Ingrid keine "Liebesbekenntnisse" mehr auf Papier. Aber sie verteile "extra dicke Umarmungen", wenn sie merke, dass jemand eine brauche. Sie sei nicht nur auf sich selbst bedacht, sondern frage im richtigen Augenblick: "Wie geht es dir, Mama?"

Ingrid habe viel mit ihrem Vater gemeinsam, findet Mette-Marit. Gleich nach der Geburt habe sie ihm so ähnlich gesehen, "dass ich zuerst keinen Unterschied erkennen konnte. Diese großen dunkelbraunen Augen – es war, als schaute ich direkt in die Ewigkeit. Diese Augen glitzern und blitzen immer noch." Sie würden denjenigen nicht loslassen, den Ingrid im Blick habe.

Vater und Tochter besäßen denselben schwarzen Humor, sagt Mette-Marit. Sie könnten über "die dunkelsten Dinge" lachen. Die beiden nehmen sich aber auch gern gegenseitig aufs Korn: In dem Ski-Video, das der Hof zum 18. Geburtstag von Ingrid veröffentlichte, erzählt die junge Norwegerin, dass ihr Vater kürzlich online Campingstühle für ihre Trips in die Natur erstanden habe. Das Problem: Die Stühle hätten auf den Fotos achtmal größer ausgesehen als in Wirklichkeit. Breit grinsend hält sie einen der Miniatur-Faltstühle in die Kamera, auf den sich ihr Vater danach kauert.

Humor ist eine Charaktereigenschaft, die in der Familie wertgeschätzt und sogar gefördert wird. Ingrids jüngerer Bruder Sverre Magnus, dessen Name in der Wikingersprache so viel heißt wie "großer Unruhestifter", treibt es in den Augen seiner Mutter allerdings manchmal ein bisschen zu weit.

Während Ingrid sich bei offiziellen Auftritten brav ans Protokoll hält, fällt Sverre Magnus gern mal durch besondere Einlagen auf: Er bringt seine Cousinen zum Lachen oder gähnt ausgiebig vor den Kameras. Beim 80. Geburtstag von Opa Harald im Jahr 2017 alberte er auf dem Palastbalkon neben seiner Familie herum, machte sogar den sogenannten Dab-Move, eine Tanzfigur, bei der man einen Arm hebt, abknickt und den Kopf in die Beuge fallen lässt – der andere Arm wird gerade zur Seite gestreckt. Eine Aktion, die international für Aufmerksamkeit sorgte.

Im Podcast *The Kåss Furuseths* sprach Mette-Marit 2021 darüber, dass die Familie zwar darüber gelacht habe, sie sich aber im Nachhinein Sorgen um ihren Sohn machte: "Ich hatte so Angst, dass er zu der Erkenntnis gekommen sein könnte, dass er diese Aufmerksamkeit dadurch bekommen hat, weil er etwas Witziges getan hat – und es beim nächsten Mal direkt wieder tun würde. Damit holt man sich die falsche Art von Aufmerksamkeit."[13]

Um ihre Tochter, die Mette-Marit als "weise" bezeichnet, musste sie sich ähnliche Sorgen wohl noch nicht machen. Bei Ingrid scheint alles wie am Schnürchen zu laufen, absolut skandalfrei. Auch ihren Führerschein bestand sie kurz vor ihrem 18. Geburtstag im Januar 2021 problemlos und cruiste mit ihrem eigenen Elektroauto durch die Gegend. Ihr älterer Bruder Marius gratulierte seiner Schwester via Instagram und warnte die Bewohner der Gemeinde Asker, sich in den nächsten Stunden besser von der Straße fernzuhalten.

Als zukünftige Königin sind eigene Social-Media-Konten für Ingrid tabu. "Ich muss mich etwas einschränken, versuche aber, das Beste draus zu machen", sagt sie – und das klingt an dieser Stelle neidfrei.[14] Denn Ingrid legt anscheinend selbst Wert darauf, bestimmte Einzelheiten ihres Lebens unter Verschluss zu halten. Während Marius fleißig auf Instagram postet und auf dieser Plattform 2018 auch seine Beziehung mit dem *Playboy*-Model Juliane Snekkestad 2018 durch ein Kussfoto öffentlich machte (2022 trennten sich die beiden wieder), ist nicht offiziell bekannt, ob Ingrid vergeben ist. Gerüchten zufolge soll sie schon länger mit dem Studenten Magnus Heien Haugstad liiert sein, der beim großem Galadinner anlässlich ihres 18. Geburtstags auch auf der Gästeliste stand.[15] Die Frage nach einem Freund wiegelte die Prinzessin allerdings Anfang 2022 mit klaren Worten ab: "Ich denke, das ist Teil meines Privatlebens. Es ist mir sehr wichtig, dass das auch mein Privatleben bleibt. Ich werde dazu also nichts sagen."[16]

Erziehungsstil

Kindermund tut Wahrheit kund: 2013 brachte Ingrid beim Besuch des neuen Osloer Umwelthauses die Rollenverteilung in ihrem Elternhaus ohne Umschweife auf den Punkt. Die zukünftige Thronfolgerin bastelte vor Ort Anstecker mit selbst verfassten Botschaften. Was denn auf ihren stehen solle, wollte die Nachrichtenagentur dana press wissen. Ingrids Antwort: Auf dem einen "Papa ist cool" und auf dem anderen "Mama ist der Chef". Seitdem ist klar, wer bei den Norwegern die Hosen anhat.

Was beide Elternteile eint, auch wenn Mette-Marit vielleicht mal etwas härter durchgreift als ihr Mann: Sie beherrschen die Sprache der Liebe perfekt. Der Umgang mit ihren Kindern ist geprägt von Herzlichkeit, vom Sich-Zeit-füreinander-Nehmen und davon, seine Gefühle auch in Form von Umarmungen und Streicheleinheiten zum Ausdruck zu bringen. Distanz ist in dieser Familie ein Fremdwort.

Wenn Ingrid sich mal von allem überwältigt fühle, helfe nur ein Mittel, weiß Mama Mette-Marit: Schutz zu suchen in Papas Arm. Sie kuschele sich dort hinein, und nichts in der Welt könne zwischen die beiden kommen. Sie hätten eine "besondere Verbindung", würden sich "auf eine einzigartige Weise" verstehen. Darum weiß Haakon auch genau, was zu tun ist, wenn Ingrid morgens mal wieder mürrisch aus dem Bett steigt (sie ist ein bekennender Morgenmuffel). Er kocht seiner Tochter einen Kaffee, den sie dann auf der gemeinsamen Autofahrt zur Schule trinkt. "Das heitert mich auf", gibt Ingrid zu.[17]

Im Winter 2010 nahm Haakon sich eine zweimonatige Auszeit für seine Frau und die Kinder (Marius war damals 13, Ingrid 6 und Sverre Magnus 4). Dass der Kronprinz dadurch wichtige Termine wie die Nobelpreisverleihung verpassen würde und die Kinder etliche Schulstunden, war zweitrangig. "Wir möchten reisen und als Familie zusammen sein. Wir hoffen, unseren Kindern ein wenig von der Welt zu zeigen, dass es viele Kulturen und viele Lebensweisen gibt", erklärte Haakon dem Fernsehsender NRK. "Zum Glück habe ich verständnisvolle Eltern, die verstehen, dass wir diese Möglichkeit nutzen wollen."[18] Um Kritikern den Wind aus den Segeln zu nehmen, verkündete der Hof, man habe ein Unterrichtsprogramm vorbereitet, damit die Kinder während der Reisewochen in der Schule nicht den Anschluss verlieren würden. Haakon und Mette-Marit ließen sich von ihrem Plan nicht abbringen, und ihre Botschaft war klar: Die Familie und gemeinsame *quality time* gehen vor! Die Royals tauchten ab – teilten dann aber doch Fotos aus ihrem Geheimurlaub. Der startete in Istanbul, von dort aus ging es nach Jordanien und Indien. Schnappschüsse zeigen Ingrid beim Schwimmen mit einem Delfin, beim Besuch eines Klosters oder beim Brotbacken mit einer Einheimischen. In der abgelegenen Region Dzongu am Fuße des Himalajagebirges schliefen die Royals sogar drei Nächte bei einer indischen Familie, weil es dort keine Hotels gab.[19]

Für Haakon und Mette-Marit sind gemeinsame Erlebnisse das Wichtigste, was sie ihrem Nachwuchs mit auf den Lebensweg geben können. Unvergesslich, unbezahlbar. Gemeinsame Momente stärken das Band zwischen ihnen und ihren Kindern. Marius, Ingrid und Sverre Magnus wissen, dass sie sich mit allen Sorgen an ihre Eltern wenden können. Immer wenn "ein Berg zu hoch", "eine Beziehung in der Sackgasse" oder Gefühle schwer zu verstehen seien, wende sich Ingrid an ihre Mutter, bekräftigt Haakon. Mette-Marit bringe Ingrid bei, auch über unbequeme Themen zu sprechen. Ihre klare Sicht der Dinge helfe ihrer Tochter dabei, den richtigen Pfad einzuschlagen.

Mette-Marit ist eine Krisenexpertin: Ihr Leben vor der Hochzeit mit Haakon war weder gradlinig noch einfach. Ihre Eltern ließen sich scheiden, als sie zehn Jahre alt war. Mit gerade mal 23 Jahren wurde Mette-Marit zum ersten Mal Mutter, doch die Beziehung zu DJ Morten Borg hielt nicht, und so zog sie ihren Sohn Marius die ersten vier Jahre allein groß. Die Kronprinzessin führte in jungen Jahren ein wildes Leben: Sie trug ihr Haar kurz geschoren, war häufig in der Osloer Partyszene unterwegs und machte Drogenerfahrungen.[20] Über ihren ausufernden Lebenswandel sprach Mette-Marit nach dem Kennenlernen ehrlich mit ihrem zukünftigen Ehemann und vor ihrer Trauung am 25. August 2001 sogar in einer Pressekonferenz vor dem ganzen norwegischen Volk.

Mette-Marit stand offen zu den dunklen Flecken in ihrer Vergangenheit. Bekannte sich zu Fehlern, lernte aus Fehlern – und wurde in den folgenden Jahren zu einem Vorbild ihrer Nation: Gemeinsam mit Haakon gründete sie die Crown Prince and Crown Princess Foundation, die sich für Kinder und Jugendliche einsetzt, die vom Weg abgekommen sind. Mette-Marit ist zudem Sonderbotschafterin des Aids-Programmes der Vereinten Nationen und Schirmherrin verschiedener Organisationen, darunter das Norwegische Rote Kreuz. Höhen, Tiefen, Fehltritte, Erfolge – Mette-Marit hat alles erlebt. Kein Wunder, dass Ingrid Alexandra sie so als Problemlöserin schätzt.

Vorbereitung auf die Thronfolge

Ihren ersten Auftritt in der Öffentlichkeit absolvierte Ingrid eingemummelt in ein dickes Schafsfell, nur ihr Kopf samt cremeweißer Mütze schaute heraus. So warm eingepackt nahmen Haakon und Mette-Marit ihre zwei Monate alte Tochter mit zur Skisprungschanze beim Holmenkollen, einem 371 Meter hohen Berg nordwestlich von Oslo. Seit 1906 ist es Tradition, dass die königliche Familie den Wettkämpfen dort beiwohnt. Da war es für das Kronprinzenpaar ganz klar, dass Ingrid auch dabei sein sollte! Zumindest schon mal zum Warmwerden.

Ihren ersten offiziellen Termin nahm Ingrid mit fünf am Weltumwelttag im Juni 2009 wahr: Mit Mama Mette-Marit besuchte sie eine Parade junger Umweltschützer/-innen auf dem Vorplatz des Königspalastes.

Dieses Thema ließ die zukünftige Thronfolgerin seitdem nicht mehr los. Um das Klima zu schonen, fährt sie nicht nur ein Elektroauto, sondern isst auch selten Fleisch. "Natürlich ist das nicht genug", gesteht sie. "Aber ich finde, das Wichtigste ist, dass jeder ein bisschen was tut und versucht, Dinge besser zu machen als vorher."[21]

Bei ihrem Konfirmationsgottesdienst 2019 ließ die 15-jährige Ingrid jedem Programmheftchen ein Blatt Papier beilegen, in das Blumensamen eingearbeitet

waren. Dazu gab es folgenden Gruß: "Sobald dieses Samenpapier in der Erde platziert wird, werden daraus verschiedene bunte Sommerblumen entstehen. Ich hoffe, das ist eine schöne Erinnerung – auch daran, dass nur wir uns um unseren Planeten kümmern können. Ingrid"

Besonders Oma Sonja gefiel diese Idee. Sie freut sich darüber, dass auch ihre Enkelin wie eine Blume erblüht, und nimmt sie auf ihrem Weg zum Thron mit Freude an die Hand. Als Sonja und Harald 2016 ihr 25-jähriges Thronjubiläum feierten, sah die Monarchin das als guten Zeitpunkt an, um mehr Aufmerksamkeit auf Ingrid zu lenken. Zusammen planten und eröffneten die beiden Damen den Prinsesse Ingrid Alexandras Skulpturpark im Schlosspark von Oslo. Das Besondere: Die Skulpturen wurden alle von Kindern erschaffen. Die Arbeit mit ihrer Enkelin sei "inspirierend" gewesen, lobt Oma Sonja. Sie und Ingrid hätten etwas Besonderes geteilt, das sie sehr zu schätzen wisse. Der Skulpturengarten wächst und wächst, Ingrid sucht stetig neue Outdoor-Unikate aus.

Ihre Auftritte wurden langsam prominenter: 2016 durfte Ingrid auch vor 13.000 Anwesenden das Feuer bei den Olympischen Jugend-Winterspielen in Lillehammer entzünden – 22 Jahre, nachdem diese Aufgabe ihrem Vater als Teenager zuteilgeworden war. In der norwegischen Königsfamilie heißt die Devise Learning by Doing. Sie besuche keine "Königinnen-Schule", erklärte Ingrid einmal selbst. Ihr Großvater habe sich nie mit ihr zum Lernen hingesetzt. "Ich lerne viel von ihm durch alles, was er tut und sagt. Und ich denke, dass das Wichtigste an unserer Rolle ist, dass einem nicht gesagt wird, was man zu tun hat, sondern seinen eigenen Weg geht."[22]

Seit ihrem 18. Geburtstag hat Ingrid ein eigenes Büro im königlichen Schloss in Oslo. Es ist schlicht und modern eingerichtet: weiße Couches, ein weißer Konferenztisch, ein Whiteboard an der Wand, dazu große Vasen mit frischen Blumenbouquets und Dekogläser, in denen dicke cremefarbene Kerzen flackern. In Zukunft wird sie schrittweise mehr Verantwortung übernehmen – sie wird es müssen. Denn ihre Großeltern sind beide über achtzig und ihre Mutter wegen ihrer Krankheit auch nicht immer hundertprozentig belastbar. Ingrid wird ihrem Vater zur Seite stehen und schließlich irgendwann das Zepter von ihm übernehmen.

In ihrem ersten TV-Interview 2022 gab sie zu, nervös zu sein. Aber Angst hat Ingrid nicht. Sie ist bereit für alles, was auf sie zukommt. "Natürlich kann man sich auch mal wegträumen und darüber nachdenken, wie ein völlig anderes Leben sein könnte", sagte sie. "Das mache ich auch. Aber es ist nicht das Leben, das ich lebe, daher ist es schwierig für mich, mir vorzustellen, nicht in dieser Rolle zu sein. Ich bin jung, und es dauert noch lange, bis ich Königin werde."[23] Aber dieses Amt stehe in ihren Karten, und sie werde es annehmen, betont sie. So wie viele andere Abenteuer davor.

Look

Einen Großteil ihres Alltags verbringt Ingrid in outdoortauglicher Funktionskleidung oder im Neoprenanzug. Das Mädchen mit den Sommersprossen, das sich vor wenigen Jahren von seiner festen Zahnspange trennen durfte, ist alles andere als ein Modepüppchen. Mette-Marit brachte ihrer Tochter früh bei, dass man für ein neues Outfit nicht unbedingt gleich in die nächste Boutique rennen muss.

Die auf Nachhaltigkeit bedachte Kronprinzessin versteigerte 2012 Sachen aus ihrem eigenen Kleiderschrank und dem der damals achtjährigen Ingrid auf der Auktionsplattform Bloppis für einen guten Zweck. Die Sachen fanden in Sekundenschnelle und für ein Vielfaches ihres Wertes neue Besitzer. Ein rosafarbener Kindermantel von Petit Bateau ging zum Beispiel für 355 Euro weg, ein graues Kleidchen der Marke Poppy Rose für 327 Euro. Den Erlös spendete Mette-Marit an Miljøagentene (dt. Ökoagenten), eine Umweltorganisation für Kinder, in der Ingrid zu diesem Zeitpunkt selbst Mitglied war.

An das Thema Mode scheint sich Ingrid seit 2021 verstärkt heranzutasten: Auf Porträtfotos, die anlässlich ihres 18. Geburtstags gemacht wurden, gab sie sich erstmals überraschend damenhaft. So elegant hatte man sie vorher noch nie gesehen! Ihr kastanienbraunes Haar trug die zukünftige Thronfolgerin in sanften Wellen, dazu dezentes Make-up und filigrane Ohrringe.

Wahrscheinlich möchte Ingrid für alle gut sichtbar signalisieren, dass sie ihre Pflichten ernst nimmt und ihrer Rolle im Königshaus entsprechend ausfüllen kann. Sie ist kein zurückhaltendes kleines Mädchen mehr, sondern eine selbstbewusste junge Frau! Für die Auftritte rund um ihren 18. Geburtstag bediente sich Ingrid am Kleiderschrank ihrer Mutter: Sie lieh sich unter anderem ein Lanvin-Kleid aus schwarzer Seide, dass Mette-Marit 18 Jahre zuvor bei einem Konzert zur Friedensnobelpreisverleihung getragen hatte. Das norwegische Parlament besuchte sie in einem weißen Seidentop von Valentino, das sie mit einer schwarzen Hose und einem rosé angehauchten Blazer von Stella McCartney kombinierte. In der Hand trug sie eine weinrote Clutch von Aspinal of London.

Am großen Tag selbst durfte ein Accessoire selbstverständlich nicht fehlen: eine zarte Perlenkette mit Herzanhänger, die Ingrid von Oma Sonja zur Taufe geschenkt bekommen hatte. Der Anhänger besteht aus einem von drei Diamantreihen umringten Rubin, und die Königin trug das Schmuckstück schon selbst als junge Frau. Sonja übergab die Kette in einer länglichen hölzernen Box, die sie mit Familienfotos verzierte. Bis Ingrid groß genug war, zeigte sich Mette-Marit mit der Kette. Inzwischen legt Ingrid sie immer zu wichtigen Anlässen an, wie an Geburtstagen, auf neuen Porträtfotos oder bei der Hochzeitsprobe ihrer Patentante Victoria von Schweden im Juni 2010, bei der Ingrid als Blumenmädchen fungierte.

Zu ihrer Konfirmation 2019 erhielt Ingrid von Oma Sonja und Opa Harald ein weiteres kostbares Geschenk: eine schwedische Nationaltracht im Stil des frühen 19. Jahrhunderts, die sogenannte Bunad. Das Kleid ist aus schweren Stoffen genäht, kunstvoll bestickt und mit rund sechshundert winzigen Perlen besetzt. Weil so viel Handarbeit darin steckt, soll es mehrere Tausend Euro gekostet haben. Die Tracht war ein Projekt, in das die Königin ihre Enkelin mit einbezog: Zusammen besuchten sie die Schneiderin, Ingrid durfte Motive und andere Details selbst auswählen. Bei der finalen Anprobe schoss Sonja stolz etliche Handyfotos von ihrer Enkelin, die sich mit Freude in der Tracht vor ihr drehte. Die vergoldete Brosche, die an Ingrids Bluse funkelte, ist einem Exemplar nachempfunden, das Sonjas Großmutter gehört hatte. Das Original war in einem Feuer beschädigt worden, daher ließ die Monarchin es nachmachen. Erinnerungen sind der Familie wichtig, und diese möchte sie so lang wie möglich am Leben erhalten.

BUNTE-Fun Fact

Obwohl ihre Eltern Millionäre[24] sind, ist sich Ingrid für einen ganz normalen Ferienjob nicht zu schade: Im Sommer 2021 arbeitete sie im italienischen Restaurant Skur 33 am Hafen von Oslo und besserte sich so ihr Taschengeld auf.[25] Sie trug Essen an die Tische, spülte Gläser ab. Ob ihr Mama Mette-Marit den Tipp gegeben hat? Sie arbeitete in jungen Jahren lange als Kellnerin. Als Mette-Marit Ende der 1990er-Jahre Haakon kennenlernte, jobbte sie nebenbei im ältesten Restaurant Oslos, dem Engebret Café aus dem 18. Jahrhundert.[26]

Amalia *der* Niederlande

Die Feinfühlige

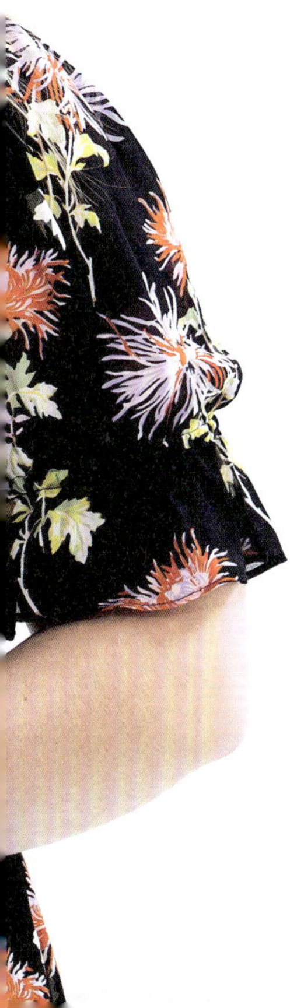

Sie redet frei heraus über ihre Schwächen und gestand der ganzen Welt, dass sie psychologische Hilfe in Anspruch nimmt, wenn ihr alles zu viel wird. Die Holländerin erlebte mehrere tragische Tode in ihrer Familie und wurde wegen ihrer Figur gemobbt. Amalia stand alles tapfer durch – auch indem sie Kraft aus ihren Hobbys zog: dem Reiten und der Musik. Sie schrieb sogar selbst ein Musical! Mit einer weiteren Leidenschaft könnte sie übrigens super bei *Wetten, dass..?* auftreten …

Name & Titel

Im Juni 2003 wurde bekannt, dass Kronprinz Willem-Alexander und seine Frau Máxima erstmals Nachwuchs erwarten. Allerdings hatte das Paar nicht selbst entschieden, diese Neuigkeit nach außen zu kommunizieren. Ein Hacker gelangte an private E-Mails der beiden, in denen sie Familie und Freunden die frohe Botschaft übermittelten, und gab sie an einen Radiosender weiter. Noch am selben Tag bestätigte der Hof die Info.

Während der Schwangerschaft gab es Komplikationen, die Kronprinzessin musste ab Oktober das Bett hüten.[1] Im selben Monat korrigierte der Palast das eigentlich verkündete Geburtsdatum nach vorn: Die behandelnden Ärzte würden davon ausgehen, dass das Kind nicht im Januar 2004 zur Welt komme, sondern noch vor dem Jahreswechsel.

Und dann war es schon am 7. Dezember 2003 so weit! Acht Stunden hatte Máxima im Bronovo-Krankenhaus in Den Haag in den Wehen gelegen, als sie um 17.01 Uhr erstmals ihre Tochter in den Armen hielt. Ihre Mutter María del Carmen Cerruti Carricart war extra aus Argentinien eingeflogen, um bei der Geburt dabei zu sein.[2] Und nur eine Viertelstunde später traf auch Willem-Alexanders Mutter, Königin Beatrix, am Krankenhaus ein. Der stolze Papa präsentierte sich noch am selben Abend mit Baby auf dem Arm der Presse. “Ich muss sie immer ansehen”, erklärte er strahlend.[3] Für ihn sei seine Tochter “das schönste Baby der Welt”. Ein anwesender Journalist wollte wissen, wann Willem-Alexander vorhabe, der Kleinen mitzuteilen, dass sie einmal Königin werde. Der Kronprinz antwortete augenzwinkernd: “Heute Abend nicht mehr.”

In den Jahren darauf bekam Amalia zwei Schwestern: Alexia (* 26. Juni 2005) und Ariane (* 10. April 2007) – zusammen werden die Mädchen auch als “königliches A-Team” bezeichnet.

Die offizielle Anrede der zukünftigen Königin der Niederlande lautet: Ihre Königliche Hoheit Catharina-Amalia Beatrix Carmen Victoria, Prinzessin von Oranien, Prinzessin der Niederlande, Prinzessin von Oranien-Nassau.

Willem-Alexander erklärte, dass Amalia der Rufname seiner Tochter sein werde. Dieser sowie ihr eigentlicher Erstname Catharina hätten ihm und seiner Frau gut gefallen. Beide Vornamen tauchten außerdem schon häufig in der Geschichte des niederländischen Königshauses auf: zum Beispiel 1625, als Friedrich Heinrich Prinz von Oranien die Deutsche Amalie Gräfin zu Solms-Braunfels heiratete.

Die Vertreter des regierenden Königshauses Oranien-Nassau suchten in der Vergangenheit mit Vorliebe ihre Ehepartner(-innen) in Deutschland. Schließlich entsprang dort ihre Dynastie: Die niederländische Königsfamilie geht zurück auf das deutsche Adelsgeschlecht Haus Nassau, das 1530 das Fürstentum Orange im heutigen Südfrankreich erbte (daher auch Amalias Titel Prinzessin von Oranien).

Amalias Großvater väterlicherseits, Claus von Arnsberg (1926–2002), kam in Hitzacker zur Welt. Und auch ihre Großmutter Beatrix hat deutsche Wurzeln: Ihr Vater war Bernhard Prinz zur Lippe-Biesterfeld, weshalb die Ex-Monarchin neben ihren niederländischen genau wie er einst diesen deutschen Adelstitel trägt.

Von Oma Beatrix hat Amalia ihren dritten Vornamen, Carmen heißt sie nach ihrer Großmutter mütterlicherseits. Victoria fügten Willem-Alexander und Máxima hinzu, weil es für *Victory* (dt. Sieg) steht. Und den wünschen sie ihrer Tochter auf ganzer Linie. Es ist außerdem der Vorname ihrer Patentante Victoria von Schweden.

Seit der Inthronisierung ihres Vaters im Jahr 2013 steht Amalia an Platz eins der Thronfolge. Sie wird einmal nicht nur über die Niederlande regieren, sondern auch über die sechs Karibikinseln Aruba, Bonaire, Curaçao, Sint Maarten, Sint Eustatius und Saba, die ebenso Teil des Königreiches sind.

Familie & Freunde

Im Alter von sechs Monaten wurde Amalia am 12. Juni 2004 in der Grote Kerk in Den Haag mit Wasser aus dem Jordan getauft. Sie trug dabei ein Kleid aus Brüsseler Spitze, das 1880 für den Taufgottesdienst der zukünftigen Königin Wilhelmina angefertigt worden war. Darin wurden auch Amalias Großmutter Beatrix, ihr Vater und später ihre Schwestern in die Kirche getragen.

Amalia hat sechs Taufpaten: ihren Onkel Prinz Constantijn von Oranien-Nassau, Kronprinzessin Victoria von Schweden (auf deren Hochzeit sie 2010 Blumenmädchen war), Marc ter Haar (ein Schulfreund ihres Vaters) sowie Herman Tjeenk Willink, ein enger Vertrauter ihrer Oma und dadurch auch ihrer Eltern. Willink war bis 2012 Vizepräsident des niederländischen Staatsrats. Ebenso zu Amalias Paten zählen Samantha van Welderen Baroness Rengers-Deane, eine argentinische Freundin ihrer Mutter, und Máximas Bruder Martín Zorreguieta.

Máxima wurde in Buenos Aires geboren, und ihre Familie flog zu Amalias Taufe extra aus ihrer alten Heimat ein. Da diese Veranstaltung privater Natur war, konnten ihre Mutter und ihr Vater Jorge Zorreguieta anwesend sein. An niederländischen Staatsakten, wie etwa Máximas Hochzeit mit Willem-Alexander im Jahr 2002, durfte der Argentinier bis zu seinem Tod im Jahr 2017 nie teilnehmen, das musste seine Tochter per Ehevertrag unterschreiben. Denn Zorreguieta hatte in den 1970er-Jahren als Minister dem Terrorregime des argentinischen Diktators Jorge Rafael Videla angehört. Obwohl er als unbescholten galt, ist es unwahrscheinlich, dass er nichts von den Massenmorden wusste.

Máximas Mutter lebt zwar in Argentinien, steht ihrer Tochter und ihren drei einzigen Enkelkindern aber trotzdem sehr nahe: 2018 machten alle zusammen einen Familienurlaub in Miami. Im März 2020 reiste

Amalia *der* Niederlande

GEBURTSDATUM:	7. DEZEMBER 2003
GEBURTSORT:	DEN HAAG, NIEDERLANDE
ELTERN:	KÖNIGIN MÁXIMA UND KÖNIG WILLEM-ALEXANDER DER NIEDERLANDE
GESCHWISTER:	ALEXIA (26. JUNI 2005) UND ARIANE (10. APRIL 2007)
STERNZEICHEN:	SCHÜTZE
HOBBYS:	REITEN, SINGEN

María del Carmen nach Holland, um auf Amalia und ihre Schwestern aufzupassen, während ihre Eltern Indonesien einen Staatsbesuch abstatteten. Wegen des Ausbruches der Coronapandemie konnte sie nicht wie geplant zurückfliegen und blieb für ein paar Monate. Die Kinder genossen die Extrazeit mit ihrer *abuela* (dt. Oma), und auch Willem-Alexander war voll des Lobes: "Ich habe einen Schatz von einer Schwiegermutter. Sie hätte länger bleiben sollen." Ein Satz, den man aus dem Mund eines Schwiegersohnes wohl eher selten zu hören bekommt ...

Seit 2017 ist Máxima der Familienzusammenhalt noch wichtiger als zuvor. In dem Jahr starb nicht nur ihr Vater. Wenige Monate zuvor nahm sich ihre jüngere Schwester Inés mit gerade mal 33 Jahren das Leben. Sie hatte jahrelang unter Depressionen und Magersucht gelitten. Máxima sagte für zwei Wochen alle Termine ab, um zu trauern und das Begräbnis in Buenos Aires zu besuchen. Diese Tragödie nahm auch die damals 13-jährige Amalia mit, die ihre Tante offensichtlich sehr gernhatte. In ihrer 2017 erschienenen Biografie *Amalia*[4] gab die Thronfolgerin preis, dass in ihrem Zimmer noch heute ein Foto von Inés hänge. "Ich versuche zu glauben, dass es ihr jetzt besser geht. Dass sie bei meinem Großvater ist", erklärt sie.

Es war nicht der erste Schicksalsschlag in ihrer Familie: 2012, da war Amalia gerade mal acht, verunglückte ihr Onkel Prinz Friso, der jüngere Bruder ihres Vaters, beim Skifahren im österreichischen Lech. Am letzten Urlaubstag wurde er von einer Lawine begraben. Der Adlige erlitt schwere Hirnschäden und lag anderthalb Jahre im Koma – erst in einem Krankenhaus in seiner Wahlheimat London, dann auf Schloss Huis ten Bosch, wo er im August 2013 im Alter von 44 Jahren seinen Verletzungen erlag.

"Er war anderthalb Jahre nicht mehr da", erinnert sich Amalia.[5] "Nicht wirklich." Sie habe ihren Onkel mit ihren Eltern und Schwestern oft im Krankenhaus in London besucht. "Manchmal gab es ein bisschen Hoffnung", sagt sie. "Dann war etwas passiert, ein Lebenszeichen. Aber er war schon lange nicht mehr der, der er war."

Amalia hält die Erinnerung an diejenigen, die nicht mehr bei ihr sein können, wach. Beim Kirchenbesuch zündet sie immer vier Kerzen an: eine für Friso, eine für ihre Tante Inés, eine für ihren Opa Jorge – und eine für ihren Großvater Prinz Claus, den Amalia nie kennengelernt hat. Der Mann ihrer Großmutter Beatrix starb 2002 im Alter von 76 Jahren an den Folgen seiner Parkinsonerkrankung und einer Lungenentzündung.

Zuhause

Die ersten 16 Jahre ihres Lebens war Amalia in der Villa Eikenhorst zu Hause. Das Landgut steht eine halbe Autostunde nördlich von Den Haag im Grünen und könnte malerischer nicht sein: Üppige Kletterpflanzen ranken sich an dem dreistöckigen Gebäude empor, von einem achteckigen Wintergarten aus blickt man durch riesige Fenster in den Garten mit gepflegtem Rasen. Dort konnten die Kinder mit Freunden unbeobachtet nach Herzenslust herumtollen.

Willem-Alexanders Tante Prinzessin Christina ließ das Haus Ende der 1980er-Jahre erbauen und einem Bauernhof aus dem 17. Jahrhundert nachempfinden. Das Königspaar richtete es klassisch ein, mit schweren Vorhängen, Möbeln im Biedermeierstil, Ölgemälden und historischen Wohnaccessoires wie einer großen goldenen Standuhr auf einem der Marmorkamine. Niedliche Hingucker sind gerahmte Familienfotos, die in vielen Räumen auf Tischen und Kommoden thronen.

Im Jahr 2019 zog die Familie ins nur zehn Autominuten entfernte Schloss Huis ten Bosch. Bis 2014, ein Jahr nach ihrer Abdankung, hatte dort Königin Beatrix gewohnt, danach stand es leer.

Drei Jahre lang wurde das 1645 erbaute Huis ten Bosch vor dem Einzug renoviert – von 120 Bauarbeitern und für sechzig Millionen Euro.[6] Die Kosten erhöhten sich, weil sich im Palast Pilze und Zwergfledermäuse breitgemacht hatten. Die Tiere mussten in spezielle Nistkästen umgesiedelt werden.

Außerdem hatten Willem-Alexander und Máxima extravagante Ideen für ihr neues Heim: Für den Blauen Salon erschuf das Designerpaar Maurice Scheltens und Liesbeth Abbenes aus Amsterdam eine einmalige Fototapete mit persönlichen Gegenständen, die das Königspaar auswählte – darunter Willem-Alexanders Königsmantel und eine brennende Kerze für den verstorbenen Prinz Friso.

Für die Gestaltung des sogenannten DNA-Salons war der Künstler Jacob van der Beugel zuständig. An den Wänden sieht man vergrößert einen Teil des genetischen Codes von Willem-Alexander und Máxima.

Seit 2012 besitzen die Royals ein schneeweißes Ferienhaus auf den griechischen Peloponnes, nahe des Dorfes Doroufi. Das Domizil verfügt über einen Pool sowie einen eigenen Strand und einen Privathafen. Dort verbrachte die Familie in der Vergangenheit gern die Schulferien der Mädchen.

Ihnen steht außerdem die Villa Rocca dei Draconi im toskanischen Tavarnelle Val di Pesa zur Verfügung. Königin Beatrix kaufte das Anwesen aus dem Mittelalter in den 1970er-Jahren und überließ es später ihren Kindern.

Betreuung & Ausbildung

Das "A-Team" hatte im Laufe der Jahre mehrere Nannys. Die passten auf die Mädchen auf, wenn bei Máxima und Willem-Alexander die Pflicht rief. Eine blieb Amalia besonders in Erinnerung. Sie sei ein "18-jähriger Wildfang"[7] gewesen, erinnert sie sich. "Sie war nicht gerade verantwortungsvoll, aber sie hat uns oft zum Lachen gebracht." Die junge Frau soll die drei Prinzessinnen aus lauter Langeweile sogar nachts aufgeweckt und aus den Betten geholt haben, um mit ihnen "Abenteuer zu erleben".

Es ist anzunehmen, dass dieses Kindermädchen nicht allzu lange bei der Familie angestellt war. Ganz im Gegensatz zu Eveline van den Bent. "Sie kam als Studentin zum Babysitten und ging nie wieder", heißt es in Amalias Biografie. Seit 2006 ist van den Bent, die Notariatsrecht studierte, für die Royals tätig – aber längst nicht mehr als Nanny: Als Willem-Alexander 2013 den Thron bestieg, wurde sie zu seiner und Máximas persönlicher Assistentin ernannt und 2020 zur Privatsekretärin des Paares befördert. Es heißt, sie soll in Zukunft Amalia zur Seite stehen. Darauf deutet hin, dass sie die Thronfolgerin 2021 bei deren Einführung in den Staatsrat begleitete. "Sie ist immer bereit",[8] sagt Amalia über Eveline. "Sie weiß, was ich nicht mag, und sieht, wenn ich ein Fotoshooting satthabe." Das klingt ganz nach einem Dream-Team!

Aber bevor Amalia in den royalen Arbeitsalltag einsteigt, wird sie erst einmal ihre schulische Laufbahn vollenden. Die Holländerin, die fließend Englisch und Spanisch spricht (ihrer Mama ruft sie gern mal ein *Te quiero* – Ich liebe dich – zu), nahm auch Unterricht in Mandarin. Amalia war von Anfang an so eine Überfliegerin, dass sie in der Grundschule, der öffentlichen Bloemcampschool in Wassenaar, die sie von

2007 bis 2015 besuchte, eine Klasse übersprang.[9] Um sie zu schützen, wurde Amalia täglich von zwei Sicherheitsbeamten begleitet.

2015 wechselte sie auf das Christelijk Gymnasium Sorghvliet in Den Haag, an dem sie 2021 die Abiturprüfung bestand. Die Entscheidung für die protestantische Einrichtung traf Amalia selbst. Ihre Entscheidung wurde aber erst nach Ende des Anmeldeschlusses bekannt gegeben. Seine Tochter habe vermeiden wollen, dass es andere Teenager nur ihretwegen dort hinziehe, verriet Willem-Alexander auf einem Termin.

Als Amalia im Juni 2021 den Anruf bekam, dass sie ihr Abitur cum laude bestanden hatte, folgte sie einer niederländischen Tradition: Auf dem Dach von Schloss Huis ten Bosch hisste sie nicht nur die niederländische Fahne, sondern auch ihren Schulrucksack – die Royals posteten stolz ein Video davon auf Instagram.

Zeitgleich verkündete die zukünftige Königin, dass sie zunächst auf ihre Apanage von jährlich 1,6 Millionen Euro verzichten werde, die ihr ab ihrem 18. Geburtstag zustehe (also ab Ende 2021). "Ich finde es unangenehm, solang ich wenig als Gegenleistung bringen kann und andere Studenten es so viel schwerer haben, vor allem in dieser unsicheren Coronazeit", schrieb die zu dem Zeitpunkt noch 17-Jährige in einem Brief an Ministerpräsident Mark Rutte. Ein Akt der Bescheidenheit, mit dem Amalia bei ihren Landsleuten verständlicherweise großartig ankam.

Vor Beginn ihres Studiums legte sie ab Sommer 2021 ein *Gap Year* ein, während dessen sie unter anderem ein mehrmonatiges Praktikum beim Oranje Fonds machte. Das ist die größte niederländische Stiftung im sozialen Bereich, und ihre Eltern fungieren als Schirmherren.

Ende 2021 sagte Máxima beim Staatsbesuch in Norwegen, dass ihre Tochter die einjährige Auszeit genieße. "Sie hat viele neue Leute getroffen und viel gelernt. Genau das wollen wir. Sie wird im Dezember 18, aber dadurch ist man nicht plötzlich erwachsen. Es handelt sich um einen Prozess." Nicht nur ihre Eltern sind gespannt darauf, diesen zu verfolgen. Und eines steht inzwischen fest: Amalia hat sich für einen Bachelor-Studiengang in Politik, Psychologie, Recht und Wirtschaft an der Universiteit van Amsterdam entschieden. Im September 2022 wird sie dort mit 220 weiteren Studierenden beginnen.[10]

Hobbys

Weil König Willem-Alexander in jungen Jahren gern feierte, hatte er damals den Spitznamen Prins Pilsje weg. Seine Tochter Amalia wird dagegen von ihrem Inner Circle als Cocktail-Queen tituliert. 2021 hatte Amalia einen Sommerjob in einem Beachclub in Scheveningen, der Eltern einer Freundin gehört. Die junge Niederländerin, die in der Strandbar unter dem Pseudonym Claire[11] angepackt haben soll, um nicht erkannt zu werden, liebt es, Cocktails zu mixen. So sehr, dass sie sogar ihr Pferd Mojito taufte!

Das Reiten spielt für die Thronfolgerin im Alltag eine herausragende Rolle: “Auf dem Pferd bin ich am meisten ich selbst. Wenn du mich wirklich kennenlernen willst, musst du mich reiten sehen”,[12] sagt sie. Auf dem Rücken eines Pferdes, wo weder Kameras noch neugierige Augen sie verfolgen, kann sie nur Amalia sein, ohne jede Bewegung und jede Äußerung kontrollieren zu müssen. Sie hält fest die Zügel in der Hand und kann doch loslassen. Das tut ihr gut!

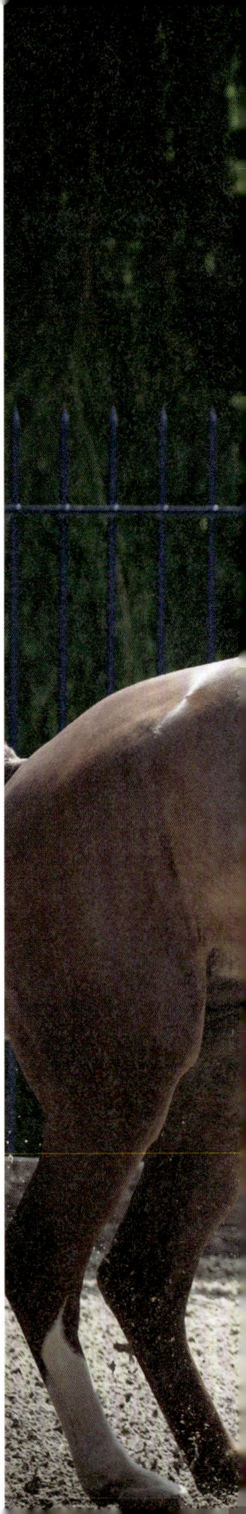

In Amalias Zimmer auf Schloss Huis ten Bosch hängen etliche Turnierschleifen. Auch an Reitwettbewerben nahm sie wohl unter anderem Namen teil, um undercover zu bleiben.[13] Amalia möchte für ihre Leistung akzeptiert werden, nicht für ihren Prinzessinnentitel.

Mindestens genauso wichtig wie das Reiten ist ihr die Musik. Amalia kann gut singen, doch öffentlich zeigen will sie ihr Talent lieber nicht. Sie singt höchstens mal in Altersheimen.[14] Warum sie nicht vor einem größeren (und jüngeren) Publikum auftreten möchte? "Jeder hat ein Handy mit Kamera", betont Amalia. "Wenn es jemand filmt und online stellt, ist es nicht mehr meins."[15] Bestimmte Teile ihres Lebens und ihrer selbst will Amalia für sich behalten. Sie sind ihr Schatz, den sie hütet.

Nur im Dezember 2019 machte sie eine Ausnahme: Da hatte Amalia ein Musical geschrieben – zusammen mit ihrem Schulfreund Brent Meelhuysen, der schon mit 13 seine erste Firma gründete (The Hague Bike Tours). Die beiden nannten ihr Werk *Het Kerstklooster* (dt. Das Weihnachtskloster) und traten selbst darin auf.[16] In der Ankündigung für das Stück wurde Amalia allerdings als Emilia van Nassau aufgeführt, ein weiterer Deckname. Es gab nur eine einzige Vorführung von *Het Kerstklooster* im Königlichen Theater in Den Haag – bei der waren aber Aufnahmen jeglicher Art verboten, die Presse erhielt erst gar keinen Zutritt. Der Plan ging auf: Im Internet finden sich null Fotos oder Videos von Amalia als singende Weihnachtselfe.

Für eine Rolle im Musical hatte Amalia eins ihrer Idole gewinnen können: die niederländische Jazz- und Popsängerin Trijntje Oosterhuis. Deren Vater war ein guter Freund von Amalias Großvater Prinz Claus gewesen, und die Musikerin trat in der Vergangenheit schon öfter für die Royals auf. Anlässlich von Amalias Geburt veröffentlichte sie das Lied *Nu dat jij er bent* (dt. Jetzt, wo du da bist), das 2014 weit oben in den niederländischen Charts landete.

Bei der Musicalvorführung stand auch Amalias Schwester Alexia mit auf der Bühne, während ihre Eltern, ihre Großmütter, Nesthäkchen Ariane und andere Verwandte im Publikum saßen.[17] Am Ende brachen alle in tosenden Beifall aus.

Amalia hat sich mit dem Musical einen Traum erfüllt. Einen, den sie so in Zukunft nicht mehr ausleben kann. An ihren großen Bühnenauftritt wird sich Amalia sicher noch lächelnd als Königin zurückerinnern. Welche Wünsche sie sich noch vor ihrem offiziellen Amtsantritt erfüllen will? Das bleibt ihr Geheimnis. Bekannt ist nur, von wem sie sich morgens aus dem Reich der Träume holen lässt: Statt eines schnöden Alarmes ertönt aus ihrem Handy entweder *Anton aus Tirol* von DJ Ötzi oder *Verdammt, ich lieb dich* von Matthias Reim.[18]

Charakter

Als Amalia im Dezember 2021 ihren 18. Geburtstag feierte, erschien zeitgleich eine autorisierte Biografie, die ihren Namen trägt – geschrieben von der niederländischen Kabarettistin und Journalistin Claudia de Breij, die dafür lange Gespräche mit der zukünftigen Königin führte. Eine Biografie über einen Teenager? Für die niederländischen Royals nichts Ungewöhnliches. Auch als Willem-Alexander und seine Mutter Beatrix 18 wurden, kamen Bücher über die beiden heraus.

Amalia fühlte sich nicht wirklich wohl dabei: "Was hab ich denn schon geleistet?", fragt sie in dem Werk. "Ich bin doch kein Nelson Mandela, der die Apartheid abgeschafft hat."

In ihrer Biografie geht es nicht um weltbewegende Ereignisse, aber um alles, was Amalia bewegt. Ein ehrlicher Einblick, den sie Außenstehenden zuvor noch nie gewährte. Die Thronfolgerin kommt zwischen den Zeilen nicht nur positiv weg: Thematisiert wird unter anderem ihr Perfektionismus, der bei Amalia zu plötzlichen Müdigkeitsattacken führt, weil sie immer “on” ist. Aus Erschöpfung sei sie sogar fast bei einer Fahrstunde eingeschlafen, heißt es.

Unglaublich offen berichtet Amalia auch über psychische Herausforderungen und ihren Umgang damit. Sie gesteht, dass sie regelmäßig therapeutische Hilfe in Anspruch nimmt. “Ich denke, es ist ganz normal, ab und zu mit einem Profi zu sprechen”, sagt Amalia. Das habe sie vor allem getan, nachdem sich ihre Tante Inés 2018 das Leben nahm. “Alle reden über gesunde Ernährung und Sport. Und das ist auch sehr wichtig. Aber wie wichtig ist es, seine psychische Gesundheit auf den neuesten Stand zu bringen? Das eine kann ohne das andere nicht existieren.”

Zum Psychologen zu gehen sei für sie kein Tabuthema. “Ich habe kein Problem, das öffentlich zu sagen”, betont Amalia. Manchmal werde ihr einfach alles zu viel: “Schule, Freunde – und dann rede ich mit jemandem.” Simple Sätze, die aber eine große Vorbildwirkung haben können. Besonders wenn sie aus dem Mund einer Prinzessin kommen.

In ihrer Biografie wird preisgegeben, dass Amalia schon als kleines Mädchen Therapieerfahrung sammelte – damals noch, ohne etwas davon zu merken. Máxima und Willem-Alexander suchten Unterstützung für ihre Tochter, weil die eine Freundin hatte, die ihr nicht guttat. Die Eltern merkten, wie es ihrer Tochter immer schlechter ging. Deswegen schickten sie Amalia zur Kinderpsychologin. “Aber das habe ich nicht mitbekommen”, erinnert die sich. “Ich dachte, das ist nur jemand, der mit mir am Sandkasten plaudern will.”

Im März 2022 rief Königin Máxima die Stiftung Mind Us ins Leben, die Menschen zwischen 12 und 27 Jahren bei psychischen Problemen unterstützt. Die Königin sprach bei der Präsentation ihres neuen Projektes über ihre persönlichen Beweggründe dafür. Mit Hinblick auf ihre verstorbene Schwester, die unter Depressionen litt, stelle sie sich immer wieder dieselbe Frage: "Hätten wir mehr tun können?" Sie habe nicht geahnt, wie ausweglos die Situation für Inés gewesen sei. "Das möchte ich in Zukunft verhindern."

Máxima berichtete, dass nicht nur Amalia bereits beim Psychologen war, sondern auch ihre Tochter Alexia – und sie selbst. "Wenn du Hilfe brauchst und sie verfügbar ist, solltest du alles tun, was du kannst", findet die Königin.

Amalia hat gelernt, dass sie über alles sprechen kann und sich für keinen ihrer Gedanken schämen muss. Ein gutes Fundament, um zu einer selbstsicheren und starken Frau heranzuwachsen, die das ausspricht, was ihr durch den Kopf geht.

Aber natürlich geht es bei den niederländischen Royals nicht nur ernst zu. Sie feiern auch gern! So wie an Amalias 18. Geburtstag, wo große Zelte im Garten von Schloss Huis ten Bosch aufgebaut wurden. Die Tageszeitung *De Telegraaf* berichtete, dass rund hundert Gäste miteinander gefeiert hätten.[19] Das Problem: Zu der Zeit waren in den Niederlanden coronabedingt maximal vier Gäste erlaubt. Der Hof argumentierte, es seien nur "21 Einladungen" verschickt worden und überhaupt seien alle Gäste geimpft sowie zusätzlich getestet gewesen.

Eine royale Extrawurst, die beim Volk nicht gut ankam. Willem-Alexander entschuldigte sich bei Ministerpräsident Mark Rutte. Der schrieb in einem Brief an das Repräsentantenhaus: "Der König hat mich darüber informiert, dass es im Nachhinein nicht gut war, das so zu organisieren."

Auch Prinzessin Alexia sorgte in der Vergangenheit für Schlagzeilen. Im Gegensatz zu ihrer generell sehr "braven" großen Schwester hat sie den Ruf einer Rebellin weg. Beim Familien-Fotoshooting in Lech rutschte ihr vor der versammelten Presse laut das Schimpfwort *Kut* (dt. Scheiße) heraus, als sie bei der Fahrt mit dem Lift ihren Skistock verlor.[20] Im selben Jahr tauchten TikTok-Videos von ihr mit anstößigen

Texten auf und 2021 Fotos von einer Studentenparty auf dem Atlantic College in Wales, bei der sie im Spitzenbody und Minirock feierte.[21] Es scheint, als reize Alexia mutwillig alle Grenzen aus, die Amalia als Thronfolgerin tunlichst nicht übertreten sollte.

Auch Amalia nutzt Social Media – aber so, dass es niemand außerhalb ihres Freundeskreises mitbekommt. Auf Instagram hat sie private Konten, die nicht unter ihrem Namen laufen. Sie wolle "wie alle anderen nur ein paar Fotos mit Freunden teilen können, das ist alles", meint Amalia.[22] Es sei schon vorgekommen, dass Fremde ihren Followern Geld für Screenshots von ihren Fotos angeboten hätten.

2019 enthüllte die spanische Zeitschrift *Vanitatis* einen damals noch öffentlich einsehbaren Account von Amalia auf Instagram.[23] Darauf hatte die Kronprinzessin aber nur unschuldige Beiträge über Tiere und die Natur hochgeladen: "Ohne Regen gäbe es keine Regenbogen", hieß es unter einem Foto. Unter einem anderen stand: "Dein Pferd ist ein Spiegel deiner Seele. Manchmal wird dir nicht gefallen, was du siehst. Manchmal aber doch."

Amalia ist vorsichtig mit allem, was sie von sich preisgibt. Sie lässt nicht jeden in ihr Herz (blicken). Als junges Mädchen hat sie schlechte Erfahrungen gemacht. In der Schule schlossen einmal mehrere Jungs eine Wette ab: Wer Amalia als Erster rumkriegen würde, bekäme einen Hundert-Euro-Gutschein für ein Computerspiel. Niemand gewann, da Amalia das Vorhaben durchschaute.[24]

In puncto Liebe hat die Kronprinzessin märchenhafte Vorstellungen: Sie wünsche sich jemanden mit guten Manieren, "wie man in den Filmen über Kaiserin Sissi sieht", verrät sie in ihrer Biografie. Deutsche Jungs seien wesentlich galanter als holländische, fügt sie hinzu, ohne weiter ins Detail zu gehen.

Aber diese Aussage scheint ein versteckter Fingerzeig gewesen zu sein. Denn *BUNTE* erfuhr im Dezember 2021 aus Palastkreisen, dass

Amalia mit einem 19-jährigen Millionenerben aus Westfalen liiert sei – und das schon seit einem halben Jahr. Einen Monat zuvor hatten die beiden einen gemeinsamen Trip nach New York unternommen und wurden dabei gesichtet, wie sie Händchen haltend über die Brooklyn Bridge spazierten.

Amalias Eltern hatten sich zu Beginn ihrer Beziehung ebenfalls heimlich in New York getroffen, um in der Anonymität der Großstadt ihr Glück unbeschwert genießen zu können.

Falls die künftige Königin eines Tages wirklich einen Mann aus Deutschland heiraten sollte, würde sie damit eine weitere Tradition fortsetzen. Schließlich sagten auch ihre Großmutter Beatrix und ihre Urgroßmutter Königin Juliana Ja zu deutschen Männern.

Erziehungsstil

Vor der Geburt ihrer Kinder sahen es Willem-Alexander und Máxima mit der Presse nicht so eng. Fotografen durften sie ruhig auch in ihrer Freizeit ablichten. Doch nach der Geburt von Amalia änderte sich das. 2005 traf das damalige Kronprinzenpaar mit den Medienvertretern ein Abkommen: Seitdem wurden übers Jahr verteilt feste Fototermine mit der ganzen Familie vereinbart, auch an Urlaubsorten wie Lech und Tavernelle. Als Gegenleistung dafür durften zum Schutz der Privatsphäre der Mädchen keine inoffiziellen Fotos mehr gemacht und verbreitet werden.

Auf diese Weise schenkten Willem-Alexander und Máxima ihren Töchtern ein bisschen mehr Freiraum zum Entfalten – und zum Fehlermachen. Dazu riet der Monarch ihnen sogar: "Macht Fehler, daraus könnt ihr lernen. Macht sie aber so, dass sie nicht an die Öffentlichkeit kommen. Sucht eure Grenzen, das habe ich auch gemacht, ich habe die

Feste gefeiert, wie sie kamen. Nur so kann man sich auch als Mensch entwickeln."[25]

Amalia feiert auch gern mal mit ihrer Mutter: Manchmal würden sie bis sechs Uhr morgens zusammen tanzen, plaudert sie in ihrer Biografie aus. "Meine Mutter ist für mich eine Art Freundin, die sieht, wie ich mich fühle, und die immer für mich da ist." Auf der anderen Seite könne sie aber auch sehr streng sein.

Wie streng, das verriet die amerikanische Diplomatin Ertharin Cousin 2018 im Interview mit der spanischen *Vanity Fair.*[26] Als die Mädchen noch klein waren, sei sie zum Abendessen bei den Royals in der Villa Eikenhorst eingeladen gewesen. Amalia, Alexia und Ariane hätten sie im Schlafanzug begrüßt. Als sie dem "A-Team" Geschenke überreichen wollte, hielt Mama Máxima sie zurück. Die Prinzessinnen sollten sich die Mitbringsel nämlich verdienen. Erst nachdem sie auf Tabletts Vorspeisen ins Zimmer getragen hätten, durften sie die Präsente in Empfang nehmen.

Es war immer Máximas Wunsch, dass sich ihre Töchter trotz aller Privilegien nicht in verwöhnte Gören verwandeln. Mit Erziehungsmaßnahmen wie diesen brachte sie ihnen bei, dass Mitglieder der königlichen Familien eben nicht nur zum Regieren da sind, sondern auch zum Dienen.

Amalia, Alexia und Ariane lernen außerdem, dass ihnen nicht jeder Wunsch von den Augen abgelesen wird. Im Gegenteil: Es wird ab und zu Verzicht geübt! Im Sommerurlaub verboten Willem-Alexander und

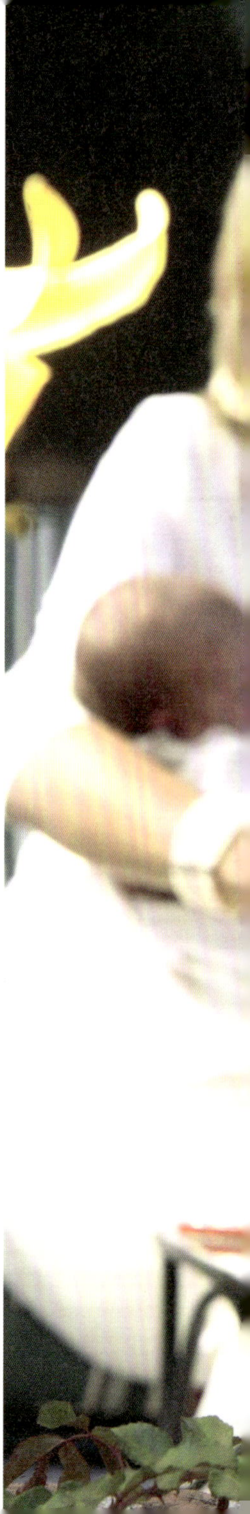

Máxima ihren Kindern schon mal komplett die Nutzung von Handys, Tablets und Computern![27] Von diesem Digital-Detox-Programm seien die Mädchen zunächst wenig begeistert gewesen, berichtete das Paar. Aber dann hätten sie sich schnell an die neuen Regeln gewöhnt.

Während des Lockdowns in der Pandemie verbrachte die Königsfamilie ungewöhnlich viel Zeit miteinander. "Natürlich haben wir viel gearbeitet, aber im Vergleich zu all den anderen Besuchen und Reisen war ich noch nie so oft zu Hause, und wir waren noch nie so oft zusammen", betonte Willem-Alexander bei einem Fototermin. Máxima empfand das durchaus als Herausforderung: "Wir haben drei Teenager, was nicht einfach ist. Wir sind uns nicht immer einig darüber, wie die Dinge laufen sollen. Aber wenn es Reibereien gab, haben wir uns Zeit genommen, darüber zu sprechen. Es war eine ganz besondere Phase, die uns näher zusammengebracht hat. Wir verstehen uns jetzt noch besser",[28] so die Königin.

Das Erziehungskonzept aus Zuckerbrot, Verständnis und Peitsche scheint aufzugehen. Denn trotz Handyverbot und kleiner Arbeitsaufträge ist Amalia ihren Eltern überaus dankbar: "In Bezug auf ihre Erziehung habe ich das Gefühl, dass sie mir einen Anreiz dafür geben, mich zu verbessern und ein guter Mensch zu sein",[29] sagt die Thronfolgerin. Elternmission erfolgreich erfüllt!

Vorbereitung auf die Thronfolge

Eine Frau auf dem Thron ist in Holland nichts Neues. Vor Willem-Alexander war das Land 123 Jahre in weiblicher Hand: Erst herrschte Königin Wilhelmina von 1890 bis 1948, dann

Juliana von 1948 bis 1980 und ab da Beatrix bis 2013. Eine Riege von starken Frauen, in die sich Amalia einreihen kann, ohne eine Bahnbrecherin sein zu müssen.

Dass sie einmal Königin der Niederlande sein wird, war Amalia schon lange bewusst. Aber wie sich diese Zukunft anfühlen würde, realisierte sie erst im April 2013, als ihr Vater das Zepter von ihrer Großmutter übernahm. 33 Jahre hatte Beatrix das Land regiert, der Wechsel wurde mit einer feierlichen Zeremonie in der Amsterdamer Nieuwe Kerk vor über zweitausend geladenen Gästen vollzogen. Amalia saß neben Oma Beatrix in der ersten Reihe und merkte plötzlich, dass sie ab diesem Tag als Nummer eins der Thronfolge stärker im Fokus stehen würde: "Es war wie ein Schlag ins Gesicht", erinnert sie sich.[30] "All diese Leute starrten mich an, als hätte ich einen Goldfisch auf dem Kopf."

Unbehagen sei in ihr aufgekommen, so Amalia. Aber auch eine weitere Emotion: ein tiefes Pflichtgefühl. Dieser Tag sei für die damals Neunjährige "ein großer Schubser" in eine neue Richtung gewesen. "Ich wollte meinen Eltern helfen, das habe ich sehr stark gespürt."

Der frisch gekrönte König Willem-Alexander erzählte lachend im TV, dass ihn seine Älteste gleich gefragt habe, wie lange er seinen Job denn machen wolle, damit sie dieses Datum schon einmal in ihren Kalender eintragen könne. Aber obwohl sie bereit dazu ist, diesen Schritt zu machen, hofft Amalia, dass es noch nicht allzu bald so weit sein wird. Ihren Vater erinnert sie daher regelmäßig daran, sich gesund zu ernähren und sich viel zu bewegen, damit er möglichst lange fit bleibt. Sollte ihrem Vater in naher Zukunft etwas zustoßen, könnte Amalia sofort nachrücken. Doch sie hat vereinbart, dass ihre Mutter ein paar Jahre für sie einspringen würde, sollte dieser Ernstfall eintreten.[31]

Früher scherzte Amalia noch über das Thema. Sie sagte: "Ich werde später Nein sagen, und dann muss Alexia es machen." Doch heute ist sie bereit, Verantwortung zu übernehmen. "Ich stehe im Dienst meines Landes", meint sie demütig. "Ich widme den Niederlanden mein Leben."

2019 machte Amalia bei den Königstag-Feierlichkeiten in Amersfoort bereitwillig Selfies mit gleichaltrigen Fans, die im Regen lange auf ihre Prinzessin gewartet hatten. Und sie gab ihr erstes kleines TV-Interview. In dem betonte Amalia, sie wolle authentisch sein, "keine Show-Version von mir selbst".[32]

Das kam gleich messbar gut an! Bei einer Umfrage im Auftrag von RTL Nieuws war die damals 15-Jährige nach dem Mini-Interview beliebter als je zuvor und landete bei der Frage nach dem sympathischsten Mitglied der niederländischen Königsfamilie gleich auf Platz drei hinter ihren Eltern. Damit überholte sie ihre Großmutter Beatrix.

Mehr Aufmerksamkeit bringt aber auch Gefahren mit sich: Im November 2020 wurde ein Stalker, der Amalia über Instagram Nachrichten geschickt hatte, in denen er ihr Gewalt androhte, zu einer Gefängnisstrafe verurteilt. "Ich werde am Königstag in der Menge stehen und deine Hand schütteln", hieß es in einer seiner Nachrichten. "Später nehme ich dich mit." Wie gruselig! Eine Situation, die man mit 16 bestimmt nicht so leicht wegsteckt. Aber es könnte im digitalen Zeitalter leider nicht der letzte Kontakt dieser Art gewesen sein …

Seit ihrem 18. Geburtstag im Dezember 2021 hat Amalia einen Sitz im Staatsrat. Als Königin wird sie einmal dessen Vorsitz übernehmen – ein Amt, das jetzt noch ihr Vater innehat. Der Staatsrat begutachtet Gesetzesentwürfe und berät die Regierung. Amalia hat allerdings als Mitglied der Königsfamilie kein Stimmrecht.

"Um meine Aufgabe zu erfüllen und für das Königreich zu arbeiten, werde ich viel lernen müssen",[33] betonte Amalia an ihrem ersten Tag im Staatsrat. "Ich wiederhole hier mit Überzeugung die Worte meiner Großmutter aus dem Jahr 1956: Ich werde mich noch sehr lange als Ihre Schülerin betrachten, Mitglieder des Staatsrats. Ich werde mich meiner Verantwortung bewusst bemühen, eine gute Schülerin zu sein", so die Thronerbin. Sie hoffe, nach ihrem Studium regelmäßig an den Sitzungen teilzunehmen. Nur durch Praxiserfahrungen könne sie alles Wichtige für ihre Aufgabe lernen. "Denn es gibt keine Königinnen-Schule."

Ihre Großmutter hat das Gefühl, dass ihre Enkelin auf dem richtigen Weg ist. Am Rande eines Termins auf der Karibikinsel Curaçao lobte sie Amalia Ende 2021: "Sie hat gut angefangen, und ich bin mir sicher, dass sie sehr gut weitermachen und zu einem vernünftigen Menschen heranwachsen wird. Das wünsche ich ihr auf jeden Fall."[34]

Look

Es waren echte Kunstwerke: 2018 machte der weltberühmte Fotograf Erwin Olaf, der sonst Promis wie Nicole Kidman, Kylie Minogue oder Naomi Campbell vor der Linse hat, neue Porträtfotos der königlichen Familie. Er lichtete Máxima, Willem-Alexander und ihre Töchter im eleganten Paleis op de Dam ab, dem Königlichen Palast in Amsterdam, den die Royals zu Repräsentationszwecken nutzen. Willem-Alexander feierte fünf Jahre auf dem Thron – da sollten die Aufnahmen wohl etwas Besonderes werden.

Auf einem Einzelporträt steht Amalia in einem lilafarbenen, taillierten Cocktailkleid von LaDress (eines ihrer niederländischen Lieblingslabels) mit coolem Blick vor einer Marmorwand, die rechte Hand hat sie entspannt auf einem Vorsprung abgelegt. Das Shooting schien ihr Spaß zu machen, sie wirkte glücklich.

Doch das Lachen wird ihr wenig später vergangen sein. Denn auf Twitter rollte eine Welle der Häme und der Kritik über sie hinweg:

"Prinzessin Übergewicht" wurde die kurvige Thronfolgerin genannt. Manche User machten sich über ihre "Hamsterwangen" oder ihr vermeintliches Doppelkinn lustig, andere schimpften: "Boah, bist du fett" oder forderten: "Bitte mach Diät, Mädchen!"[35] Ein klarer Fall von Cybermobbing – zu dem sich die Royals allerdings nie äußerten. Man kann nur mutmaßen, wie hart diese Kommentare für Amalia gewesen sein müssen. Wie schwer es gewesen sein muss, so etwas in einem Alter zu lesen, in dem man selbst noch versucht, den eigenen Körper zu begreifen und sich darin wohlzufühlen.

Das durchzustehen gelang Amalia wohl nur auf die Art, die ihre Biografin Claudia de Breij im Buch beschreibt: "Um sich zu schützen, hat Amalia eine Mauer um sich errichtet."

Aber ist die stark genug, dass daran jegliche Kritik abprallt? Denn die Attacken von 2018 blieben leider kein Einzelfall. Im Sommer 2020 zeigte das argentinische Magazin *Caras* ein Foto von Máxima und Amalia auf dem Titel. Die Königin trug einen weißen Hosenanzug, ihre Tochter ein hellblaues Hemdblusenkleid. Ihre Taille betonte die junge Frau mit einem Gürtel. Neben dem Foto stand in riesigen weißen Buchstaben: "Máximas älteste Tochter trägt stolz ihren Plus-Size-Look". Darunter ebenfalls prominent: "Amalia, die Thronfolgerin der Niederlande, ein Opfer von Mobbing, stellt sich den Kritikern mit der Stärke und der bedingungslosen Unterstützung ihrer Eltern. Eine Prinzessin, die ihre Jugend ohne Tabus lebt und ihre Figur einer 'echten Frau' verteidigt."

Diese Titelgeschichte entfachte in Argentinien eine öffentliche Diskussion. Aktivistin Brenda Mato, die sich für Body Positivity einsetzt, sagte in einem Interview: "Es verdeutlicht weiterhin, dass das Wichtigste an einer jungen Frau ihr Aussehen und ihr Körperbau sind. Ihre Erfolge, Ziele und das, was sie tut, werden nie diskutiert."[36] Mato hob hervor, dass Amalia ihre Figur oder etwaige Probleme damit nie selbst thematisiert hatte. Nachdem das Cover in den sozialen Medien, im

Radio und im Fernsehen zum Thema geworden war, entschuldigte sich *Caras*-Chefredakteurin Liliana Castaño schließlich via Instagram: Die Redaktion habe "ohne böse Absicht" einen Fehler gemacht.

Die *Caras*-Redaktion mag aus diesem Skandal gelernt haben – bei anderen war es nicht so. Im Januar 2021 wurde Amalia in der niederländischen Satireshow *De TV Kantine* vor 1,2 Millionen Zuschauern durch den Kakao gezogen. Comedian Najib Amhali trat als die Kronprinzessin auf und kopierte ihren Look vom Cover der Zeitschrift *Caras*. Das Kleid wurde allerdings ordentlich ausgestopft, bei seinen übertrieben runden Wangen hatte wohl auch eine Maskenbildnerin nachgeholfen.

Der niederländische Schriftsteller Arthur van Amerongen warf der Sendung auf Twitter "Fatshaming" vor. "Es ist skandalös, dass Najib Amhali unsere geliebte Prinzessin Amalia als stark fettleibige und auch noch hochschwangere Linda de Mol darstellt", schrieb er.

Journalistin Sylvia Schaffrath richtete sogar einen offenen Brief an Najib Amhali. "Amalia ist nicht nur erst 17 Jahre alt, sie ist auch die zukünftige Königin der Niederlande. Sie hat nicht darum gebeten, es ist ihr Schicksal. Sie ist die Erstgeborene von Willem-Alexander und Máxima, und damit ist ihre Zukunft mehr oder weniger besiegelt", erklärte die Niederländerin.[37] Amalia sei häufig die Zielscheibe für hässliche Kommentare und dumme Witze. Man würde sie als "fett", "hässlich" oder "eingebildet" bezeichnen. Und dann fragte Schaffrath den Komiker: "Wie würde es Ihnen gefallen, wenn jemand Ihrem Sohn dasselbe antun würde?" Amhali nahm nie öffentlich zu seinem Auftritt Stellung, auch die Royals schwiegen sich aus. Sie wollen diesem leidlichen Thema wahrscheinlich nicht noch mehr Raum geben, als es sowieso schon einnimmt.

Amalia konzentriert sich lieber darauf, ihren eigenen Look zu finden und diesen souverän zu präsentieren. Mit Erfolg: Für ihre Altersgruppe wird sie immer mehr zum Vorbild! Taucht sie beim Familien-Fotoshooting auf der Skipiste in Lech mit gelber Sonnenbrille auf, ist die danach schnell ausverkauft. Genauso verhielt es sich mit den Ohrringen in Herzform, die Amalia am Königstag 2020 zur Schau trug. Das Besondere an den Schmuckstücken des Amsterdamer Labels SeeMe: Sie werden von Frauen hergestellt, die Opfer häuslicher Gewalt wurden. Sie lernen das Handwerk und können so ihr eigenes Geld verdienen. Amalia löste auf diese Weise nicht nur einen Fashion-Hype aus, sondern lenkte das Augenmerk ihrer Fans gleichzeitig auf ein gesellschaftlich wichtiges Thema. So nutzt sie ihren modischen Einfluss auf clevere Weise!

Trotz aller Mobbingvorfälle versteckt sich Amalia nicht. Sie setzt mutig auf kräftige Farben und körperbetonte Schnitte. Und bringt auf diese Art auch ohne Worte ihre Botschaft rüber: Seht her, so bin ich – und nicht anders!

BUNTE-Fun Fact

Amalia ist eine royale Elster – alles, was funkelt, zieht sie magisch an. Schon als kleines Mädchen mopste sie sich heimlich Schmuckstücke ihrer Mutter. “Sie bereitete sich auf ein wichtiges Abendessen vor und rief durchs Haus: ‘Amalia, wo ist der Ring?’”[38] Besonders haben es der Prinzessin Diademe angetan: “Die liebe ich! Zeige mir ein Diadem, und ich sage dir, woher es kommt. Ich kann alle Diademe in Europa wiedererkennen.” Mit diesem sehr speziellen Wissen könnte Amalia bei *Wetten, dass..?* sicher zur Königin des Abends werden.

Auf einem Kindheitsfoto posiert die Prinzessin im dunkelblauen Dirndl und mit einer Rubintiara auf dem Kopf in Máximas Ankleidezimmer. Das Schmuckstück wurde 1889 von Frankreichs ältestem

Juwelier Mellerio dits Meller für die niederländische Königin Emma (1858–1934) angefertigt und seitdem von Monarchin zu Monarchin weitergereicht. Beatrix trug die Rubintiara zur Hochzeit von Victoria von Schweden 2010, Máxima beim Jawort von Carl Philip von Schweden 2015 – und irgendwann wird auch Amalia sie ganz offiziell ausführen.

Christian *von* Dänemark

Der Partyprinz

Der Apfel fällt nicht weit vom Stamm: Der junge Däne feiert ähnlich gern wie sein Vater in jungen Jahren und musste dafür auch schon öffentlich Kritik einstecken. Christian hat einen Hang zur Rebellion, den seine Eltern ihn allerdings geduldig ausleben lassen. Noch kann er die Teenagerzeit in vollen Zügen genießen – inklusive Champagnerdusche auf über zweitausend Metern Höhe. Denn auf die Thronfolge wird der Mädchenschwarm, der sogar schon als solcher in einer US-Serie auftauchte, nur sehr behutsam vorbereitet.

Name & Titel

Schnipp, schnapp – Kronprinz Frederik trennte eigenhändig die Nabelschnur seines Erstgeborenen durch. Nachdem seine Frau, Kronprinzessin Mary, zehn Stunden in den Wehen gelegen hatte, kam Sohn Christian am 15. Oktober 2005 um 1.57 Uhr im Rigshospitalet in Kopenhagen zur Welt. Ihm seien die Tränen gekommen, gibt der sonst so hartgesottene Frederik zu: “In dem Moment stehst du nicht da wie Superman!”[1]

Seine Königliche Hoheit, Christian Valdemar Henri John, Prinz von Dänemark, Graf von Monpezat ist nach seinem Vater die Nummer zwei in der dänischen Thronfolge.

Sein Rufname lag auf der Hand: Seit Generationen werden die männlichen Thronerben in Dänemark abwechselnd Christian oder Frederik genannt. Übernimmt er das Zepter, wird er zu König Christian XI., weil es vor ihm schon zehn Monarchen mit demselben Vornamen gegeben hat.

Valdemar war ebenfalls keine Überraschung, denn so hießen auch schon einige dänische Könige. Eine beliebte Wahl in Christians Familie: Frederiks jüngerer Bruder Joachim gab seinem Sohn Felix ebenfalls zusätzlich diesen Vornamen.

Frederik und Mary benannten ihren Sohn außerdem nach ihren Vätern: John Donaldson und Henrik von Dänemark, der 2018 verstarb. Der Prinzgemahl wurde 1934 als Henri Marie Jean André de Laborde de Monpezat in Frankreich geboren. Als er 1967 die heutige Königin Margrethe heiratete, wurde er dänischer Staatsbürger und nahm die skandinavische Version seines französischen Vornamens an. Von ihm hat Christian auch den Titel Graf von Monpezat, den Margrethe 2008 auf ihre Söhne und deren Familien übertrug.

Drei Tage nach seiner Geburt brachten Mary und Frederik ihren Sohn nach Hause und waren sich zu diesem Zeitpunkt schon sicher, dass es weiteren Nachwuchs geben würde. Ihren Plan setzte das Paar zügig in die Tat um: Nur 16 Monate später war Christians Schwester Isabella (* 21. April 2007) da, knapp vier Jahre später folgten die Zwillinge Vincent und Josephine (* 8. Januar 2011). Es sind nicht die ersten Mehrlinge im dänischen Königshaus: Frederiks Cousinen zweiten Grades, Josephine und Camilla von Rosenborg (* 29. Oktober 1972), sind auch Zwillinge.

Familie & Freunde

Ganz nach Tradition der dänischen Royals wurde Christians Name erst bei seiner Taufe am 21. Januar 2006 in der Kapelle von Schloss Christiansborg in Kopenhagen bekannt gegeben. Drei Monate mussten sich also seine gespannten Landsleute gedulden.

Acht Taufpaten hat Christian, fünf davon sind adlig: die als Patentante schwer beliebte Victoria von Schweden (auf ihrer Hochzeit 2010 fungierte Christian als Page), Kronprinz Haakon von Norwegen sowie dessen Frau Mette-Marit, sein Onkel Joachim und der mit den Dänen verwandte Prinz Pavlos von Griechenland. Dessen Großvater mütterlicherseits war König Frederik IX. von Dänemark, der Vater von Königin Margrethe.

Dazu kommen drei bürgerliche Paten: zunächst der in Sydney lebende Unternehmer Hamish Campbell, den Christians Mutter noch aus gemeinsamen Studientagen an der Hobart University kennt. Kronprinzessin Mary ist gebürtige Australierin und kam in Hobart zur Welt. Ihre ältere Schwester Jane Stephens ernannte sie ebenfalls zur Patin ihres Sohnes. Last but not least ist da Jeppe Handwerk, ein guter Freund von Frederik. Die beiden lernten sich im Frømandskorps (dt.

Froschmannkorps) kennen, eine Kampfschwimmereinheit der dänischen Marine, die auf amphibische Operationen spezialisiert ist.

Opa John Donaldson wagte viel, um seiner jüngsten Tochter und deren Familie nah zu sein: Nach Marys Hochzeit mit Frederik am 14. Mai 2004 zog der Mathematikprofessor von Tasmanien nach Dänemark, um an den Universitäten in Aarhus und Kopenhagen zu unterrichten. In dieser Zeit passte er auch auf seine Enkel auf, wenn deren Eltern unterwegs waren, zum Beispiel 2009, als Mary und Frederik nach Vietnam flogen.

Oma Margrethe lebt quasi mit Frederik und Mary unter einem Dach: auf Schloss Amalienborg in Kopenhagen. Sie liebt ihre Familie, aber auch sehr ihre Aufgabe als Königin. Sie gesteht: "Ich bin keine gute Großmutter."[2] Sie fände es wunderbar, wenn Kinder ausgiebig mit ihren Omas knuddeln würden. "Doch ich bin nicht sehr gut darin. Ich bin keine Großmutter, die sitzt und strickt." Schließlich hat sie als Repräsentantin ihres Landes einen vollen Terminkalender! Das bekamen auch ihre Söhne Frederik und Joachim in jungen Jahren zu spüren: "Ich bin Königin geworden, als sie noch nicht sehr alt waren", sagte Margrethe 2022 in der TV-Doku *Et liv som dronning* (dt. Ein Leben als Königin). "Ich habe nicht so viel Zeit mit meinen Kindern gehabt oder mir so viel Zeit mit meinen Kindern genommen, wie man könnte – wie sie es sich gewünscht hätten. Abends las ich ihnen vor. Dann konnten wir zusammen sein, aber ich war garantiert nicht die beste Mutter der Welt. Dessen bin ich mir bewusst."

Der Beziehung zu ihren Enkeln tut das offensichtlich keinen Abbruch, sie kennen es ja nicht anders. Immerhin verbringen sie feste Zeiten im Jahr, zum Beispiel die Ostertage, gemeinsam mit Oma. An Margrethes 80. Geburtstag im Jahr 2020 nahmen alle Enkel zusammen eine süße Videobotschaft für ihre *bedstemor* (dt. Großmutter) auf. Am Ende sieht man die Kinder von Frederik und Mary auf den Stufen von Schloss

Christian *von* Dänemark

GEBURTSDATUM:	15. OKTOBER 2005
GEBURTSORT:	KOPENHAGEN, DÄNEMARK
ELTERN:	KRONPRINZESSIN MARY UND KRONPRINZ FREDERIK VON DÄNEMARK
GESCHWISTER:	ISABELLA (21. APRIL 2007), JOSEPHINE UND VINCENT (8. JANUAR 2011, ZWILLINGE)
STERNZEICHEN:	WAAGE
HOBBYS:	SKIFAHREN, TENNIS, SEGELN

Amalienborg sitzen: Christian, Isabella, Vincent und Josephine halten bunt angemalte Buchstaben in die Höhe, die das Wort *Tillykke* bilden: "Glückwünsche"!

Seit Sommer 2017 gehört auch eine Border-Collie-Dame mit zur Familie. Die braun-weiß-gefleckte Grace, die ein Halsband mit silbernem Herzanhänger trägt, darf sogar mit zum Skifahren in die Schweiz und taucht auf zahlreichen Porträtfotos auf, die Kronprinzessin Mary von ihren Kindern geschossen und auf dem Instagram-Kanal des dänischen Königshauses veröffentlicht hat. Grace huschte sogar im Weihnachtsvideo, das die Royals im Dezember 2020 mit der Welt teilten, durchs Bild. Im November 2021 brachte sie zwei Welpen zur Welt, die seitdem im Schloss zu Hause sind.

Doch Christians Leben ist nicht immer so idyllisch, wie es in manchen Instagram-Beiträgen aussieht: An Ostern 2019 erhielt der damals 13-Jährige die Nachricht, dass seine drei Freunde Alma († 15), Agnes († 12) und Alfred († 5) bei den Terroranschlägen in Sri Lanka ums Leben gekommen waren. Ihre Eltern, der Modemilliardär Anders Holch Povlsen (u. a. Vero Moda, Only) und seine Frau Anne überlebten. Die Royals und Familie Povlsen kannten sich sehr gut, ihre Kinder waren vertraut miteinander. Als im Mai 2019 in Aarhus die drei mit Hortensien geschmückten weißen Särge der Kinder beigesetzt wurden, stand Christian mit schmerzverzerrtem Gesicht in der trauernden Menge. Er hat auf die harte Tour gelernt, dass Abschiednehmen zum Leben dazugehört. Manchmal auch dann, wenn man es gar nicht erwartet hat.

Zuhause

Bis zu seinem fünften Lebensjahr wuchs Christian auf dem Gelände von Schloss Fredensborg auf, vierzig Autominuten nördlich von Kopenhagen. Fredensborg ist ein architektonisches Barockkunstwerk aus dem 18. Jahrhundert und gilt wegen seines prunkvollen Interieurs und des gepflegten Gartens auch als dänische Version des französischen Versailles.

Allerdings wohnten Christian und seine Familie nicht im Schloss selbst, sondern im Kancellihuset (dt. Kanzleihaus), einem lang gezogenen weißen Gebäude neben den Ställen mit schwarzem Schindeldach und zwei Stockwerken. Drinnen: ein historischer Holzfußboden, dazu in warmen Farbtönen gestrichene Wände, riesige Couches und viele Bücher. Die Royals richteten sich, umgeben von grünen Wiesen und altem Baumbestand, ein gemütliches Familiennest ein. "In Fredensborg ist man von der Natur beschützt", sagte Mary einmal. "Vom ersten Moment an, als ich das Haus betrat, fühlte ich mich zu Hause. Es war unser Ort."[3]

Hinterm Haus gibt es einen großen Pool und direkt vor der Eingangstür eine Reitfläche, auf der die Familie ihrem gemeinsamen Hobby frönen kann. Zur Taufe erhielt Christian vom dänischen Parlament ein fast fünf Jahre altes Welsh-Pony namens Flikflak geschenkt.

Im Herbst 2010 zog die Familie um ins Kopenhagener Stadtschloss Amalienborg unweit des Hafenbeckens. "Ich bin sicher, dass es viel überwältigender gewesen wäre, wenn wir gleich nach der Hochzeit dort eingezogen wären", meint Mary, die als Bürgerliche in einem kleinen Backsteinhaus in Tasmanien groß wurde.[4]

Das im Herzen der dänischen Hauptstadt gelegene Schloss ist eine gigantische Anlage aus dem 17. Jahrhundert: Sie besteht aus vier gleich großen Palästen, die um einen achteckigen Platz angeordnet sind. Seit

1794 residiert dort die Königsfamilie. Margrethe hat das Palais Christian IX. in Beschlag genommen, Mary und Frederik stellte sie das Palais Frederik VIII. zur Verfügung.

Der 36-Zimmer-Palast wurde fünf Jahre lang für umgerechnet rund 29 Millionen Euro renoviert, bevor Mary und Frederik wenige Monate vor der Geburt ihrer Zwillinge einziehen konnten. Das Kronprinzenpaar ließ sein neues Zuhause in dieser Zeit in etwas Besonderes verwandeln – einen Ort, den es so noch nicht gegeben hat. Denn im Rahmen der Renovierung heuerten Mary und Frederik zehn zeitgenössische dänische Künstler an – darunter Jesper Christiansen, Kaspar Bonnén und John Kørner –, die die Wände des Palastes komplett neu gestalten sollten. Jedes Kunstwerk wurde auf die Wünsche des Kronprinzenpaars abgestimmt, einige enthalten kleine Hinweise auf die gemeinsame Geschichte von Mary und Frederik (zum Beispiel eine Weltkarte, in der Tasmanien und Dänemark im Fokus stehen). In einem Raum huschen Füchse und Rehe über die Wände, andere zieren abstrakte Collagen oder mit Blumenmotiven versehene Stahlspiegel. Im Treppenhaus sorgt eine Lichtinstallation von Ólafur Elíasson für leuchtende Hingucker. Und so ist das Palais Frederik VIII. die einzige königliche Residenz Europas, in der Rokoko in so faszinierender Weise auf Moderne trifft. Auch den 1.660 Quadratmeter großen Garten ließen Mary und Frederik neu gestalten, er beheimatet jetzt Obstbäume, Bänke des Bildhauers Jeppe Hein und einen Pool.

Vor ihrem Einzug öffnete das Kronprinzenpaar sein Palais drei Monate lang wie ein Museum für die Öffentlichkeit, und die Dänen standen Schlange. Alle wollten den neuen, alten Palast sehen!

Ihr Kancellihuset nutzten die Royals zunächst nur noch als Sommerhaus, doch seit April 2020 verbringen sie wieder mehr und mehr Zeit dort.

Da die dänischen Royals begeisterte Skifahrer sind, legten sie sich ein Chalet im Schweizer Nobelskiort Verbier zu: ein 150 Jahre altes

Holzhaus, das auf zweihundert Quadratmetern unter anderem mit Kamin, Sauna und einem Jacuzzi aufwartet. Gekauft hatten Mary und Frederik das Chalet Le Darbon schon 2009 für 1,6 Millionen Euro –[5] heraus kam das aber erst 2020. Diese Immobilien-News machte die Dänen sauer: Denn es kam ebenfalls ans Licht, dass das Kronprinzenpaar seine Luxus-Skihütte via Airbnb an Gäste vermietete und so pro Woche teilweise über neuntausend Euro verdient hatte. Das dänische Volk reagierte aufgrund dieses heimlichen Zusatzverdienstes pikiert, schließlich kassieren Mary und Frederik eine jährliche Apanage von rund drei Millionen Euro (Stand 2022).[6] Der Hof antwortete schnell auf den Unmut des Volkes und verkündete wenig später, dass das Chalet in Zukunft nicht mehr vermietet werden würde.

Alle anderen Feriendomizile der dänischen Royals sind öffentlich bekannt und werden traditionell schon seit Jahrzehnten als solche genutzt: Während der Osterferien trifft die Familie sich üblicherweise auf Schloss Marselisborg in Aarhus, im Sommer kommt sie auf Schloss Gravenstein in Gråsten zusammen, das liegt im Süden von Jütland. Die Reise dorthin legt Königin Margrethe mit der königlichen Jacht Dannebrog zurück. Im Juli 2019 posteten die Royals rührende Fotos von ihrer Ankunft. Stürmisch wurde die Monarchin von Marys und Frederiks Kindern begrüßt. Auf einem späteren Foto mit ihren Enkeln war zu sehen, dass Christian seine 1,82 Meter große Oma schon damals, mit 13, um etliche Zentimeter überragte.

Das Sommerziel der dänischen Königsfamilie ist das Château de Cayx im südfranzösischen Cahors, ein für seinen vollmundigen Malbec berühmtes Weingut. Margrethes Ehemann Prinz Henrik kaufte das an einem Fluss gelegene Schlösschen aus dem 15. Jahrhundert im Jahr 1974. Der gebürtige Franzose kannte die Gegend sehr genau, sein Elternhaus stand nur 15 Kilometer entfernt. Henrik feierte dort im Kreise seiner Lieben 2014 seinen 80. Geburtstag – Fotos zeigen die

Familie an diesem Tag glücklich vereint, Christian trug fröhlich einen der geliebten Dackel seines Großvaters durch den Garten.

Betreuung & Ausbildung

Mary und Frederik übernehmen so viele elterliche Aufgaben wie möglich selbst. Mary sieht man zum Beispiel morgens häufig auf ihrem Lastenrad durch die Kopenhagener City düsen, mit dem sie ihre Zwillinge zur Schule bringt. Nach den Geburten ihrer Kinder ließen sie und ihr Mann sich zeitweise von dänischen Nannys unterstützen, um Termine wahrnehmen oder kurze Dienstreisen absolvieren zu können. Im Herbst 2007 nahmen sie ihre wenige Monate alte Tochter Isabella und eine Nanny mit auf einen viertägigen New-York-Trip, während Christian bei Opa John in Dänemark blieb.

Der Prinz besuchte ab 2007 einen öffentlichen Kindergarten, das Dronning Louises Børnehus in der Nähe von Schloss Fredensborg. Nach dem Umzug nach Schloss Amalienborg wechselten er und Isabella in den Kindergarten Garnison Sogns Menigheds Børnehave in Kopenhagen. Ab August 2011 ging Christian als erstes Mitglied der dänischen Königsfamilie in eine öffentliche Grundschule, die Tranegårdsskolen im feinen Vorort Hellerup.

Anfang 2020 planten die Royals für Christian und Isabella einen dreimonatigen Aufenthalt an der International School in Verbier. Der Rest der Familie kam mit, sie wohnten alle zusammen in ihrem Chalet. Bei einem Fototermin mit Pressevertretern vor Ort wurde Mary gefragt, warum sie ihre Kinder denn so weit weg von ihrer Heimat zur Schule schicken würde. "Wir alle lieben es, draußen in der Natur zu sein", antwortete sie. "Die Kinder fahren gern Ski, sie kennen die Umgebung, und es ist sicher hier. Die Schule ist großartig in akademischer Hinsicht und bietet ihnen die

Möglichkeit, andere Kinder und Jugendliche kennenzulernen. Es könnte ihnen die Augen öffnen, wie es ist, in einem anderen Land zur Schule zu gehen." Ihr Mann Frederik studierte einige Semester an der renommierten Harvarduniversität im US-Bundesstaat Massachusetts – vielleicht wollen die Eltern ihrem Nachwuchs eine solche Möglichkeit schmackhaft machen. Christian gab sich sehr offen: "Wir freuen uns sehr darauf, ein neues Land, neue Leute und die Schule kennenzulernen", meinte er. Isabella freute sich darauf, ihre Sprachkenntnisse zu verbessern: "Christian und ich haben Französisch in unserer Schule zu Hause, aber jetzt werden wir viel besser in Englisch und Französisch werden." Allerdings mussten die Dänen ihren Aufenthalt wegen der Pandemie verkürzen: Sie blieben nur neun statt zwölf Wochen in der Schweiz, weil sich die Covid-19-Situation verschärfte.

Im August 2021 machte Christian einen mittelgroßen Schritt in Richtung Selbstständigkeit und wurde Schüler am Internat Herlufsholm in Næstved, um dort seinen gymnasialen Schulabschluss zu machen. Der Internatsbesuch hat Tradition: Allerdings ging seine Großmutter nach England, sein Papa Frederik nach Frankreich. Falls Christian mal das Heimweh plagt, hat er es nicht weit bis nach Hause: Nur neunzig Kilometer trennen ihn von Schloss Amalienborg.

Ein kleiner Trost für Mama Mary, der der Abschied von ihrem Ältesten dann doch nicht so leichtfiel. "Als die Entscheidung getroffen wurde, sagte ich mir, dass ich erst darüber nachdenken sollte, wenn er ins Internat geht", erklärte sie in einem Interview.[7] Als der erste Schultag näher rückte, sei es hart für sie gewesen. "Aber so ist das nun mal mit Kindern. Man hat sie nur leihweise", meinte Mary tapfer.

Herlufsholm ist Dänemarks ältestes Internat, es wurde bereits 1565 gegründet. Manche Rituale, wie das Vogelschießen im September oder der Weihnachtsball, halten sich bis heute. Die 250 Schüler entstammen größtenteils der Oberschicht, was sicher an den hohen Kosten liegt: Rund 21.000 Euro[8] zahlen Eltern pro Kind und Jahr.

Christians Cousin Nikolai machte 2018 in Herlufsholm seinen Abschluss. Christian fühlt sich dort sicher wohl, schließlich schrieb er sich gemeinsam mit guten Freunden ein – darunter Holger, der Sohn von Jørgen und Malou Skeel, die gut mit seinen Eltern befreundet sind. Und Thomas, der Sohn von Nina Wedell-Wedellsborg und Peter Aandahl, ebenfalls Vertraute von Mary und Frederik.[9] Am 7. August 2022 verkündete der dänische Hof jedoch, dass Christian nach den Sommerferien die Schule wechseln und von nun an das Ordrup Gymnasium in Gentofte besuchen wird.[10]

Ob Christian nach dem Abitur eine militärische Laufbahn einschlägt wie sein Papa? Frederik startete mit 18 als Rekrut in der Königlichen Leibgarde, inzwischen ist er Konteradmiral der Marine sowie Generalmajor des Heeres und der Luftwaffe. 1995 durchlief er die Ausbildung zum Kampfschwimmer im Froschmannkorps.

Oder geht der Prinz für eine Weile ins Ausland wie sein Onkel Joachim? Der legte ein sogenanntes Gap Year in Australien ein und arbeitete auf einer Farm. Mary würde es sicher gefallen, wenn ihr Sohn ihre alte Heimat erkunden würde.

Hobbys

Christians Vater ist eindeutig der sportlichste europäische Royal! Kronprinz Frederik taucht, springt mit dem Fallschirm aus Flugzeugen, nimmt an Triathlons teil und bewältigte 2013 den Ironman in Kopenhagen (fast 4 Kilometer Schwimmen, 180 Kilometer Radfahren und 42 Kilometer Laufen) in unter elf Stunden. Im Jahr 2000 durchquerte er das nördliche Grönland im Rahmen einer gut 2.800 Kilometer langen Hundeschlitten-Expedition.

Auch Sohn Christian bewegt sich gern, wenn auch nicht in so extremen Ausmaßen wie sein Vater. Er fährt Ski, spielt Tennis und nahm mit seiner Familie schon öfter am Royal Run teil, einer Laufserie in fünf dänischen Städten, die Papa Frederik anlässlich seines 50. Geburtstags 2018 initiierte. Unsportlichkeit ist in seiner Familie keine Option.

Wenn Christian sich in seiner Freizeit für eines der vier Elemente entscheiden müsste, wäre es wohl das Wasser. Darin und darauf fühlt sich der zukünftige Thronfolger wohl – und das, obwohl er mit zehn Jahren in eine äußerst heikle Situation geriet: 2015 machte er mit seiner Familie Urlaub in Australien. Beim Schwimmen am Mermaid Beach südlich von Brisbane wurde Christian von einer gefährlichen Strömung hinaus aufs Meer gezogen. Ein Rettungsschwimmer holte ihn an Land, bevor Schlimmeres passieren konnte.

Dieser Vorfall hat bei Christian offensichtlich keine bleibenden Ängste hinterlassen. Für ihn gilt anscheinend: aufstehen, Krone richten, weitermachen! Er startete mit seinem Vater schon bei mehreren Segel-Wettkämpfen und liebt die Touren, die seine Familie in den Ferien mit der königlichen Jacht Dannebrog unternimmt. Das Schiff ist 78,4 Meter lang und hat eine 53 Mann starke Besatzung. 2014 schipperten die Royals damit nach Grönland. Frederik und Mary möchten ihren Kindern auf diese Weise so viel wie möglich von Land und Leuten zeigen. Auf Urlaubsfotos aus dem Jahr 2019 besuchen sie zusammen das ehemalige Haus von Polarforscher Knud Rasmussen (1879–1933) in Hundested. In dem Hafenstädtchen versuchte sich Christian auch in einer traditionsreichen Werkstatt als Glasbläser. So macht Geschichtsunterricht Spaß!

ROYAL RUN 18
ROYAL RUN 18
ROYAL RUN 18
one mile
Christian
3
Josephine

Solche Eindrücke bleiben eher im Gedächtnis als Zahlen und Daten zwischen zwei Buchdeckeln.

Charakter

Von einem Palast-Insider wird Christian als "wunderbarer und liebenswürdiger junger Mann", beschrieben.[11] Aber er habe eine rebellische Ader. Sein Sinn für Humor sei "teuflisch" – da sehe Mary eine deutliche Ähnlichkeit mit Frederik. Christian liebe es, seinen Eltern und Geschwistern Streiche zu spielen, und sei in einem Alter, wo es ihm gefalle, mit Freunden "abzuhängen" und so zu tun, als sei er ein ganz normaler Durchschnittsteenager.

Der dänische Rapper Oliver "Kesi" Chambuso postete mal ein Foto von sich mit Christian Arm in Arm im Backstagebereich eines Musikfestivals. Der Prinz hatte noch zwei Freunde im Schlepptau, alle drei Jungs halten Plastikbecher in der Hand, deren Inhalt stark nach Bier aussieht. Christian trägt Jeans, T-Shirt und ein Holzfällerhemd. In diesem Inkognito-Look kann er problemlos in der Menge abtauchen.

Das Faible für Musikfestivals hat er wohl von seinem Vater. Frederik schlägt regelmäßig beim Roskilde-Festival auf der Insel Seeland sowie beim Smukfest in Skanderborg auf. 2018 stieg der Kronprinz sogar zu der dänischen Rockgruppe Nephew auf die Bühne, die er wenige Monate zuvor für seinen 50. Geburtstag engagiert hatte.

Als Christian im Oktober 2021 seinen 16. Geburtstag feierte, rappte natürlich Kesi für die Gäste. Der zukünftige Thronfolger feierte bis in die frühen Morgenstunden eine wilde Party im Kanzleihaus bei Schloss Fredensborg – mit jeder Menge alten und neuen Freunden. Papa Frederik soll sich persönlich ans Steuer gesetzt haben, um einige von Christians Mitschülern aus dem Internat zur Geburtstagslocation zu chauffieren.[12]

Diese Feier fand unter Ausschluss der Öffentlichkeit statt. Lektion gelernt! Denn wenige Monate zuvor war Christian im Frühjahr 2021 für eine feuchtfröhliche Nacht ins Kreuzfeuer geraten. Der Prinz hatte sich mit Freunden zum Skifahren nach Val Thorens aufgemacht, dem Party-Hotspot schlechthin in den französischen Alpen. Viele Fans reisen mehr für das Après-Programm an als fürs Skifahren davor.

Eines Abends entstand das berüchtigte Champagner-Video, das die Gemüter erhitzte. Was zeigte das Handyvideo, das ein Freund Christians auf Instagram hochlud? Einen zukünftigen König, der auf einer Berghütte namens La Folie Douce so Gas gibt, als habe er nicht blaues, sondern hochprozentiges Blut. *La Folie Douce* heißt süßer Wahnsinn – und genau danach sah es in dem Video, das auf über zweitausend Metern Höhe gedreht worden war, auch aus. Christian steht inmitten einer schwitzenden und tanzenden Menge, die er aus einer großen Flasche Champagner mit dem Luxusgesöff besprüht.

Nachdem sich verschiedene dänische Medien negativ über die dekadente Aktion und den völlig losgelösten Prinzen mokierten, reagierte das Königshaus – aber anders, als einige es erwartet hatten. Denn es folgte keine Entschuldigung für Christians Verhalten. Nein, ganz anders: Der Hof nahm ihn vielmehr in Schutz!

"Wir sind uns der besonderen Problematik bewusst, die damit verbunden ist, im digitalen Zeitalter jung und königlich zu sein. Das ist natürlich etwas, worüber wir im Haus sprechen. Auch mit den Jugendlichen", schrieb Lene Balleby, die Kommunikationsmanagerin des Kongehuset auf Anfrage der Boulevardzeitung BT.[13] "Sie wissen sehr genau, dass sie besonders exponiert sind und ihre Fehler daher offensichtlicher sind als die ihrer Altersgenossen", so Balleby. Aber: Man solle doch bitte keine Geschehnisse dramatisieren, "die in den Augen der Jugendlichen völlig im Bereich des Normalen und Schicklichen fallen".

Mary bereiten die Gefahren des digitalen Zeitalters Sorgen: "Wenn man zwei Kinder im Teenageralter im Haus hat, denkt man über die Zeit nach, in der wir leben, in der jeder, überall und auf jede erdenkliche Weise, fotografieren oder filmen kann", sagte sie ebenfalls der Zeitung BT. Sie rief die Öffentlichkeit allerdings dazu auf, bei jungen Menschen nicht jedes Verhalten auf die Goldwaage zu legen. Die Teenagerjahre seien die Jahre, in denen man sich ausprobiere – und eben auch mal etwas schieflaufe. "Es ist okay, Fehler zu machen, solang man daraus lernt", betonte Mary. Sie hoffe, dass ihre Kinder "weiterhin die Freiheit und den Raum haben, aus Fehlern zu lernen, und dass sie die Zeit des Suchens und Forschens gut überstehen."

Erziehungsstil

Auch Kronprinz Frederik war in jungen Jahren kein Kind von Traurigkeit. Aus den Zeiten als Kampfschwimmer trägt er zwei Tattoos auf der Haut (einen Hai auf der rechten Wade und seinen Marinespitznamen Pingu an der rechten Schulter), er datete eine Popsängerin und mehrere Models, darunter Marie Louise "Malou" Aamund. Die beiden beendeten 1992 nach einer für unschöne Schlagzeilen sorgenden Begegnung mit der Polizei ihre Beziehung. Das Paar hatte in einem Club ins neue Jahr gefeiert und war betrunken ins Auto gestiegen. Malou saß am Steuer, als die Polizei den Wagen anhielt – und zahlte eine saftige Geldstrafe. Frederiks Ruf war spätestens da völlig ruiniert, niemand nahm den schürzenjagenden Partyprinzen mehr ernst. Sein Uniprofessor und Mentor Erik Albæk riet ihm schließlich, doch mal einen Marathon zu laufen, um sein Image aufzupolieren.[14] Der Kronprinz sollte beweisen, dass er sich auch auf andere Dinge fokussieren kann als Frauen und Feiern. So kam Frederik zum Dauerlauf und blieb diesem Hobby bis heute treu. Sein

Ruf hat sich in der Tat deutlich verbessert: Der sportliche Prinz ist heute allseits beliebt und seine wilde Vergangenheit in Vergessenheit geraten.

Dazu trug auch seine Hochzeit mit Mary bei, die er im Jahr 2000 während der Olympischen Spiele in einem Pub in Sydney kennenlernte. Der Australierin, die damals als Marketingmanagerin arbeitete, stellte er sich zunächst nur als Fred aus Dänemark vor. Sie erfuhr erst später, dass sie es mit einem echten Prinzen zu tun hatte.

Frederik ist kein Royal mit blütenweißer Weste. Er wird seinem Sohn nicht Wasser predigen, wenn er selbst Wein getrunken hat. In dem Buch *Frederik – Kronprins af Danmark* (dt. Frederik – Kronprinz von Dänemark)[15] aus dem Jahr 2008 sprach er über seine Wünsche für seinen ältesten Sohn – und schlug dabei in dieselbe Kerbe wie seine Frau: "Ich wünschte, Christian hätte in den wichtigen Jahren, in denen er vom Leben lernen muss, die gleiche Zeit wie ich. In seiner späten Jugend und darüber hinaus ist es wichtig, dass ihm die Möglichkeit gegeben wird, in Ruhe seine Lebenserfahrungen zu machen."

Was auch immer passiert ist und noch passieren wird: Frederik will für seine Kinder da sein – anders, als er selbst es in seinem Elternhaus erlebt hat. "Meine Mutter hat meine Erziehung Kindermädchen überlassen. Ich hatte mit meinen Eltern eigentlich nicht viel zu tun, bis ich 21 war. Als ich klein war, wurde ich ihnen vorgeführt, und zwar gewaschen, ehe man mich ins Bett legte", klagte er in einem Interview.[16] Königin Margrethe brachte in der Vergangenheit ihr Bedauern darüber zum Ausdruck, sich nicht mehr Zeit für ihre Kinder genommen zu haben.

Seinen Vater hat Frederik als sehr streng in Erinnerung. Nach einem Sturz vom Pferd habe er als kleiner Junge weinend im Wald gehockt, woraufhin Henrik nur in seiner Muttersprache zu ihm sagte: "*On ne pleure pas*" (dt. Man weint nicht).[17] In diesem Punkt sind sich Frederik und Mary einig: Sie wollen ihren Kindern stets mit Liebe und Aufmerksamkeit begegnen.

"Die Familie ist der Ort, an dem ich mich am meisten zu Hause und am meisten ich selbst fühle", erklärt die Kronprinzessin im Bildband *Mary H.K.H.*, der 2022 anlässlich ihres 50. Geburtstags erschien.[18] "Ich gehe davon aus, dass Kinder durch Liebe und Geborgenheit stark werden."

Christian, Isabella, Vincent und Josephine machen sich zwar in einer TV-Doku, die 2022 gedreht wurde, über den australischen Akzent ihrer Mutter lustig.[19] Aber sie lieben sie über alles und plaudern zärtlich aus dem Nähkästchen. "Meine Mutter macht ihre Arbeit mit Leidenschaft", sagt Christian vor laufender Kamera. Mary sei sehr engagiert. "Ich bewundere sie dafür, was sie für andere und für uns tut." Seine Schwester Isabella verrät: "Mit ihr kann man über alles reden. Wenn wir einen anstrengenden Tag in der Schule hatten oder es ein Problem gibt, ist sie für uns da." Die kleine Josephine schätzt Mama Mary als Vermittlerin bei Streitigkeiten: "Sie gibt uns viel Liebe", erklärt das Mädchen lächelnd.

Mit Liebe versuche Mary auch sanft, Christian in die richtige Richtung zu lenken, sagen Menschen aus ihrem Umfeld.[20] Sie gönne ihm seinen Spaß, wolle aber vermeiden, dass er für seine Handlungen ähnlich – oder sogar noch schlimmer als sein Vater – an den öffentlichen Pranger gestellt werde.

Vorbereitung auf die Thronfolge

Die dänische Monarchie ist eine der ältesten der Welt. Sie reicht zurück bis zum Wikingerführer Gorm der Alte, der um 950 verstorben sein soll und als erster König Dänemarks gilt. In kaum einem anderen europäischen Land hat die Monarchie heute ein so exzellentes Standing: Bei einer Umfrage 2018 gaben 76,7 Prozent der Dänen an, dass die Königsfamilie weiter das Zepter in der Hand halten soll, nur 14,8 Prozent wünschten sich eine Republik.[21]

Im Gegensatz zu manch anderen Thronfolgern muss Christian sich keine Sorgen um seine Zukunft und den Bestand der Monarchie machen. Der Prinz liegt quasi in einem sehr bequemen royalen Bett, das ihm seine Großmutter bereitet hat: Die Dänen lieben Königin Margrethe, die mit Herzblut dabei ist! An ihrem Geburtstag im April versammeln sich jedes Jahr Tausende treue Anhänger mit kleinen Fähnchen in der Hand vor Schloss Amalienborg oder Marselisborg (je nachdem wo sie sich gerade aufhält), um ihr zu gratulieren.

Margrethe feierte 2020 ihr fünfzigjähriges Thronjubiläum und betonte vorher in einem Interview, dass sie noch lange nicht vorhabe, mit dem Arbeiten aufzuhören. Königin zu sein, sei "eine Rolle, die man fürs Leben hat. Ich mochte meine Position von Anfang an. Es ist großartig, dein ganzes Leben lang arbeiten zu können!"[22]

Sie werde ihren Job nur dann an ihren Sohn Frederik abtreten, wenn sie diesem aus gesundheitlichen Gründen nicht gerecht werden könne. Doch so weit sei es noch nicht: "Im Spiegel sieht man, dass die Jahre vergangen sind und ihre Spuren hinterlassen haben", meint sie schmunzelnd. "Aber ich fühle mich wirklich nicht viel anders als vor zehn Jahren, auch wenn ich eine alte Frau bin." Von daher könnte es noch dauern, bis Christian nach seinem Vater an der Reihe ist.

Seine Familie geht daher ganz entspannt mit seiner Vorbereitung auf die Thronfolge um. Mit zwei Jahren nahm der Prinz zwar schon seinen ersten royalen Termin wahr (er weihte mit Großvater Henrik das Elefantenhaus im Kopenhagener Zoo ein) – aber das war eher ein Spaß-Event, das der kleine Junge zu großen Teilen auf dem Arm seines Opas verbrachte.

Frederik und Mary halten ihren Nachwuchs, so gut es geht, von der Öffentlichkeit fern. Selbst Christian nahm höchst selten an offiziellen Terminen teil. Sein Debüt als arbeitender Royal gab er erst mit 15 Jahren im Juni 2021, einen Monat nach seiner Konfirmation. Es war bei den Feierlichkeiten zum hundertsten Jubiläum der friedlichen Grenzziehung zwischen Dänemark und Deutschland. Zusammen mit seiner Großmutter und seinem Vater fuhr Christian mit einer offenen Kutsche über die alte Grenze bei Frederikshøj und begrüßte beim anschließenden deutsch-dänischen Gottesdienst Bundespräsident Frank-Walter Steinmeier und dessen Frau. "Ich fühle mich sehr geehrt, heute hier zu sein", ließ er verlauten.[23] "Meine Großmutter hat mir klargemacht, wie ich mich zu verhalten habe und was es zu tun gibt." Damit, dass er Margrethe so öffentlich Respekt zollt, kann Christian bei seinen Landsleuten nur punkten.

Ganz nebenbei erwies er sich an diesem Tag auch als echter Gentleman: Als der starke Wind Königin Margrethe ihren weißen Hut mit extrabreiter Krempe vom Kopf wehte und sie versuchte, ihre Frisur wieder zu richten, sprang Christian ihr zur Seite und fragte hilfsbereit: "Soll ich etwas halten?"

Steigt Christian mal auf den Thron, so wird er nicht feierlich gekrönt. Das passiert in Dänemark schon seit Einführung der Verfassung im Jahr 1849 nicht mehr. Die Ernennung einer neuen Majestät ist eher ein pragmatischer Prozess, kein glamouröser. Wenn Königin Margrethe eines Tages stirbt, zählt zu den ersten

Personen, die darüber unterrichtet werden, das amtierende Regierungsoberhaupt. Es wird eine Sitzung des Staatsrats einberufen, der auch Kronprinz Frederik beiwohnt. Im Anschluss daran wird er als König Frederik X. vom Balkon des Schlosses Christiansborg, dem Parlamentssitz in Kopenhagen, ausgerufen.

Look

Normalerweise macht Mama Mary persönlich die Aufnahmen von Christian, die jedes Jahr pünktlich zu seinem Geburtstag vom Hof veröffentlicht werden. Da posiert der zukünftige Thronfolger meist draußen in der Natur, trägt Pullover oder Windjacke, auf älteren Motiven kuschelt er mit Cockerspaniel Grace. Doch 2020, als der zukünftige König 15 wurde, war alles anders. Da setzte ihn erstmals Hoffotografin Franne Voigt im Studio in Szene – perfektes Licht, perfekte Posen! Auf einigen Bildern trägt Christian Blazer und Hemd, auf anderen ein lässig aufgeknöpftes Hemd überm weißen T-Shirt. Er schaut mal lachend, mal nachdenklich in die Kamera oder ganz cool zur Seite. Eins ist klar: Das waren nicht einfach nur Fotos. Das war ein Statement. Diese Bilder sagten laut und bestimmt: Ich bin kein Kind mehr!

Mit seinen Profiaufnahmen machte Christian fast seinem Cousin Prinz Nikolai Konkurrenz – der ist sechs Jahre älter und ein erfolgreiches Model. Nikolai lief schon für Dior über den Laufsteg und zierte das Cover der skandinavischen *Vogue*.

Aber auch Christians Fangemeinde wächst: Seine Fotos zum 15. Geburtstag ernteten auf dem Instagram-Kanal des Hofes unzählige schwärmerische Kommentare. "*Happy Birthday, handsome prince*", schrieb eine Verehrerin.

Christians Zahnspange ist Geschichte und die kleine Lücke zwischen seinen Frontzähnen verschwunden. Aus dem schüchternen Jungen ist ein selbstbewusster junger Mann geworden – und er kleidet sich auch dementsprechend: Zu seiner Konfirmation im Jahr 2021 legte sich Christian einen schicken königsblauen Dreiteiler des italienischen Labels Loro Piana zu. Auf den stimmten seine Eltern und Geschwister ihre Outfits an dem großen Tag farblich ab. Eine durch und durch stylishe Familie!

Auch die Uniform seines Internats (nachtblauer Blazer mit blau-weiß gestreifter Krawatte) steht ihm ausgesprochen gut. Christians Eltern schafften es 2016 beide auf die internationale "Best Dressed"-Liste des amerikanischen Society-Magazins *Vanity Fair*. Ihrem Sohn haben sie ein gutes Gespür für Stil mitgegeben!

BUNTE-Fun Fact

Der dänische Prinz wurde von Hollywood geadelt: Christian tauchte in Folge 638 der Zeichentrickserie *Die Simpsons* auf. Die trägt den Titel *Dänisches Krankenlager* und wurde erstmals 2018 ausgestrahlt. In der Episode reist die legendäre Cartoon-Familie nach Kopenhagen. Im Hof eines Schlosses, das klar als Amalienborg zu erkennen ist, fällt Tochter Lisa Simpson ein Stadtplan herunter. Ein Junge im rosa T-Shirt mit dänischer Flagge darauf düst auf einem Skateboard herbei und hebt das Papier auf – Christian! Lisa verliebt sich sofort in den jungen Prinzen, träumt davon, ihn zu heiraten und mit Krönchen vom Schlossbalkon herabzuwinken. Der echte Christian hat zwar keine blonden Haare wie sein Alter Ego im Fernsehen – aber er wäre in einer ähnlichen Situation bestimmt genauso ein Kavalier!

Elisabeth *von* Belgien

Die Kämpferin

Keine andere Prinzessin wirft sich vor ihrem Volk so in den Staub wie sie: Als erste Frau in ihrer Familie entschied sich Elisabeth nach dem Abitur für eine knallharte Militärausbildung. Sie robbte in Soldatenuniform über den Boden, hing an Felswänden und schlug sich mit einem Kompass durch fremdes Terrain. Die Belgierin ist extrem zäh und das fleischgewordene Gegenteil einer Prinzessin auf der Erbse. Gleichzeitig kann sie sich verwandeln wie Aschenputtel: Laut der Modebibel *Vogue* zählt sie zu den stilvollsten Königstöchtern der Welt. Ob Mode oder Matsch, Elisabeth hat ein Faible für neue Herausforderungen! Sie schockt nichts – auch keine neue Tante, die aus dem Nichts auftaucht.

Name & Titel

Es war im wahrsten Sinne des Wortes eine schwere Geburt: Elisabeth befand sich im Bauch ihrer Mutter Mathilde in Steißlage. Die Nabelschnur hatte sich gefährlich um den Hals des ungeborenen Babys gewickelt, sodass sich die Ärzte des Erasmus-Krankenhauses in Anderlecht zu einem Kaiserschnitt entschlossen, um das Mädchen am 25. Oktober 2001 um 21.58 Uhr unbeschadet auf die Welt zu holen.

Ein Moment unendlicher Freude für die Eltern! Seit ihrer Hochzeit im Jahr 1999 gab es immer wieder Gerüchte über Fehlgeburten, die Mathilde erlitten haben soll.[1] Kinderlosigkeit ist leider ein großes Thema im belgischen Königshaus und hat sogar schon die Thronfolge beeinflusst. Das jüngste Beispiel: Mathildes Schwiegervater Albert II. landete 1993 nur auf dem Thron, weil sein älterer Bruder Baudouin kinderlos starb. Dessen Frau Fabiola hatte fünf Fehlgeburten hinter sich.

Nach Elisabeths Geburt trat Papa Philippe noch mitten in der Nacht um 1.30 Uhr vor die Kameras, um über seine Tochter – und damit sein großes Glück – zu sprechen: "Ich bin ein bisschen spät dran, weil ich sie eben zum ersten Mal gebadet und sie angezogen habe", entschuldigte er sich. "Sie ist wirklich unwiderstehlich."[2]

Benannt wurde die Prinzessin nach Philippes Urgroßmutter, Elisabeth von Belgien (1876–1965). "Sie war eine Königin mit viel Charakter, die viel für ihr Land getan hat. Vielleicht kann sie ihr ein Vorbild sein", so der frischgebackene Vater. Von Familie und Freunden wird die Thronfolgerin kurz Lisa genannt, doch ihr vollständiger Name lautet: Ihre

Königliche Hoheit Elisabeth Thérèse Marie Hélène, Kronprinzessin von Belgien, Herzogin von Brabant.

Thérèse war wohl Mathildes Wahl, in Gedenken an ihre Urgroßmutter, Gräfin Teresa Sobańska. Mit Hélène würdigte sie ihre jüngste Schwester, Gräfin Hélène d'Udekem d'Acoz. Und Marie ist eine Tradition in der Königsfamilie: Weibliche sowie männliche Mitglieder tragen seit Generationen diesen christlichen Vornamen, der an die Heilige Jungfrau Maria erinnern soll. Das ist bei Elisabeths jüngeren Geschwistern Gabriel (* 20. August 2003), Emmanuel (* 4. Oktober 2005) und Eléonore (* 16. April 2008) ebenso. Für Mathilde hat dieser Name eine zusätzliche Bedeutung. Er erinnert sie an ihre älteste Schwester Marie-Alix, die 1997 im Alter von 22 zusammen mit ihrer Großmutter bei einem Autounfall ums Leben kam.

Elisabeth ist eine "Herzogin von Brabant", weil dieser Titel seit dem 19. Jahrhundert jeweils dem ältesten Kind des regierenden Königs zukommt. Brabant war ein historisches Herzogtum und das Kerngebiet des Königreiches Belgien, als es 1830 erschaffen wurde. Ihr Vater Philippe regiert seit Juli 2013, als ihr Großvater Albert II. aus gesundheitlichen Gründen abdankte. Damit steht Elisabeth auf Platz eins der Thronfolge. Sie wird die erste regierende Königin Belgiens sein. Die Monarchinnen vor ihr saßen nur als "Frau von" mit auf dem Thron. Erst eine Gesetzesänderung von 1991 macht es möglich, dass auch weibliche Nachfahren über Belgien herrschen.

Familie & Freunde

Am 9. Dezember 2001 wurde Elisabeth in der Kirche des Schlosses Ciergnon getauft, der Sommerresidenz ihrer Familie anderthalb Autostunden südöstlich von Brüssel. Sie hat zwei Taufpaten: ihren Cousin Erzherzog Amedeo von Österreich-Este, Prinz von Belgien, und ihre Tante, Gräfin Hélène d'Udekem d'Acoz.

Die Familie d'Udekem d'Acoz, aus der ihre Mutter stammt, ist ein altes Adelsgeschlecht, dessen Vorfahren sich bis ins 15. Jahrhundert zurückverfolgen lassen. Für Mathilde, eine studierte Logopädin, war der Eintritt in die Königsfamilie daher keine so große Umstellung wie für viele bürgerliche "Kolleginnen" in anderen europäischen Ländern. Mathilde wuchs nämlich recht feudal auf dem Schloss ihrer Vorfahren in den Ardennen auf und war mit den Gepflogenheiten in blaublütigen Kreisen bestens vertraut. Sie und der Kronprinz lernten sich 1996 auf dem Tennisplatz kennen. Philippe erspähte Mathilde auf einem Nachbarfeld und verliebte sich auf den ersten Blick: "Ich habe sie von Weitem gesehen und bin hingegangen, um mit ihr zu reden. Ich wusste sofort, dass sie meine zukünftige Frau werden würde."[3] Drei Jahre lang hielten die beiden ihre Beziehung geheim, 1999 ging dann alles ganz schnell: Im September stellte Philippe zur Überraschung seiner Landsleute seine Verlobte Mathilde vor, im Dezember wurde geheiratet.

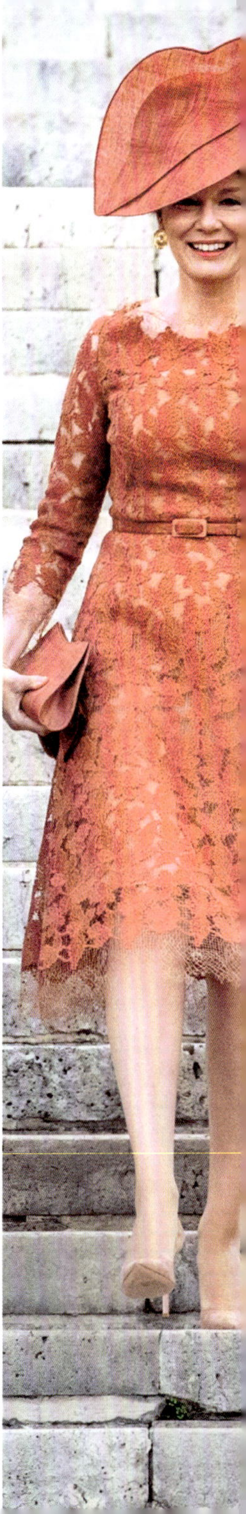

Zuhause

E*lisabeth im Wunderland* – Schloss Laeken wäre der ideale Drehort für einen Film mit diesem Titel. Denn der Wohnsitz der königlichen Familie im Norden Brüssels ist so magisch, dass es nicht verwunderlich wäre, wenn jeden Augenblick der verrückte Hutmacher um die Ecke biegen würde oder ein sprechendes weißes Kaninchen aus einem Erdloch gekrochen käme. Unweit des Palastes erhebt sich inmitten einer hügeligen Parklandschaft eine Stadt aus Glas und Stahl – es sind die Gewächshäuser, die Elisabeths Urgroßvater Leopold II. im Jahr 1873 in Auftrag gab. Unter gigantischen Kuppeln wachsen ganze Palmenwälder, Meere aus pinkfarbenen Azaleen und duftende Orangenbäume. Manche der rund sechzigtausend Pflanzen sind über zweihundert Jahre alt. Sie haben sich genauso gut gehalten wie ihr architektonisch reizvolles Dach überm Blütenkopf. Zur damaligen Zeit war dieses Bauprojekt eine Sensation! Noch nie zuvor hatte man in dieser Form mit Glas und Eisen gebaut.

Auf 14.000 Quadratmetern kann man in den gläsernen Hallen bei jeder Jahreszeit und jedem Wetter in eine wuchernde Welt abtauchen. Steht man zwischen Orchideen, Fuchsien, Zimtbäumen und Bananenstauden, kann man sich gut vorstellen, wie Elisabeth als kleines Mädchen durch diese Fantasielandschaft gesprungen sein mag. Sie und ihre Familie haben die Gewächshäuser (fast) für sich allein: Die werden nämlich nur im Frühling drei Wochen lang für Besucher geöffnet.

Schloss Laeken selbst dagegen bleibt der Öffentlichkeit verschlossen. Im Gegensatz zum Königlichen Palast in Brüssel, der als Büro der Royals und zu Repräsentationszwecken genutzt wird, finden hier keine Führungen statt. Man weiß noch nicht einmal genau, wie es hinter den neoklassizistischen Mauern aus dem 18. Jahrhundert aussieht. Es existieren

Elisabeth *von* Belgien

GEBURTSDATUM:	25. OKTOBER 2001
GEBURTSORT:	ANDERLECHT, BELGIEN
ELTERN:	KÖNIGIN MATHILDE UND KÖNIG PHILIPPE VON BELGIEN
GESCHWISTER:	GABRIEL (20. AUGUST 2003), EMMANUEL (4. OKTOBER 2005) UND ELÉONORE (* 16. APRIL 2008)
STERNZEICHEN:	SKORPION
HOBBYS:	BALLETT UND MODERNER TANZ, KLAVIER, MALEN

kaum Fotos von den Innenräumen. Die wenigen, die es gibt, zeigen ein Märchenschloss voller Pomp und Glamour: hohe Decken, goldene Kronleuchter, cremefarbene Wände mit Fresken und gigantischen Spiegeln. Dazu viel Blattgold, roter Samt und handgeknüpfte Teppiche in Tennisplatzgröße.

Mathilde und Philippe zogen nach ihrer Hochzeit auf Schloss Laeken ein, das seit 1831 die offizielle Residenz der belgischen Royals ist.

Wochenenden und Ferien verbringt das Königspaar dagegen gern mit seinen Kindern auf Schloss Ciergnon. Das ließ König Leopold II. ähnlich prächtig errichten wie seine Gewächshäuser in Brüssel. Ciergnon ist eine graue Trutzburg oberhalb des Flusses Lesse, von dessen Fenstern und Dachterrassen aus man rundum über endlos erscheinende Wälder blickt. Ein Rückzugsort, den Elisabeth in Zukunft sicher noch mehr schätzen wird, als sie es jetzt schon tut.

Betreuung & Ausbildung

Dass Elisabeth in ihrem Land einmal ein neues Zeitalter einläuten soll, wurde schon durch die Wahl ihrer weiterführenden Schule signalisiert: Die zukünftige Königin besuchte das Sint-Jan Berchmanscollege in Brüssel, in dem auf Englisch und Niederländisch unterrichtet wird. Das Besondere an dieser Entscheidung: Bisher genossen belgische Thronfolger durchweg eine französische Ausbildung. Elisabeth wird das erste regierende Mitglied ihrer Familie sein, das fließend Niederländisch spricht.[4]

Warum ist das so wichtig? Seit dem 19. Jahrhundert schwelt ein Streit zwischen der niederländisch- und der französischsprachigen Einwohnerschaft des Königreichs Belgien. Französisch wurde einst als alleinige Verwaltungssprache gewählt, obwohl die Mehrheit der Bevölkerung einen der vielen niederländisch-flämischen Dialekte sprach. Wer das Zepter in der Hand hält, muss zwischen den Wallonen (Französisch) und den Flamen (Niederländisch) vermitteln. Damit das in Zukunft besser gelingt, beherrscht Elisabeth neben Englisch und ein bisschen Chinesisch alle drei belgischen Landessprachen: Niederländisch, Französisch und Deutsch.

Im August 2018 wechselte sie an das bei Royals beliebte Eliteinternat United World College Of The Atlantic (UWC) in Wales, um dort ihren internationalen Schulabschluss, das Baccalaureate, zu machen. Auch Leonor von Spanien schrieb sich 2021 im UWC ein (alle Details zu dem "Hogwarts für Hippies" auf S. 74).

Die sonst in Wales zelebrierte Abschlussfeier fand für Elisabeth im Mai 2020 nur online statt. Schon zwei Monate zuvor waren alle Schüler wegen der beginnenden Coronapandemie nach Hause geschickt worden.[5] Dadurch konnten sie auch keine Abschlussprüfungen ablegen. Elisabeths Jahrgang erhielt das Abschlusszeugnis aufgrund der bis dato abgelieferten Leistungen. Für manche Schüler vielleicht ein Segen, die emsige Elisabeth aber war zu diesem Zeitpunkt sicher schon perfekt auf ihre dann doch nicht stattfindenden Prüfungen vorbereitet.

Im Gegensatz zu anderen Mitschüler/-innen aus aller Welt sprach Elisabeth nicht in dem anderthalbstündigen YouTube-Video, das die Schule quasi als digitale Abschlusszeremonie hochlud. In Fotocollagen und Videomontagen schien sie bis auf ein seltenes Gruppenfoto nicht in Erscheinung zu treten. Erst im Abspann, bei dem alle Namen der Absolvent/-innen aufgelistet wurden, tauchte sie auf – ganz formlos als Elisabeth de Brabant.[6]

Nach einer kurzen Sommerpause ging es für die Kronprinzessin direkt weiter. Ende August 2020 startete sie zwei Monate vor ihrem 19. Geburtstag als Kadettin ihre einjährige Ausbildung an der Königlichen Militärakademie. Wieder eine Premiere und ein Richtungswechsel für die Monarchie: Denn Elisabeth unterzog sich als erstes weibliches

Mitglied ihrer Familie diesem knallharten Programm. Eine Königin, die beim Militär war, wird von der Bevölkerung natürlich völlig anders wahrgenommen: Wer dieses Training klaglos durchlaufen hat, muss extrem zäh und diszipliniert sein.

Elisabeths Vater machte von 1978 bis 1981 eine dreijährige Offiziersausbildung an der Militärakademie, die 1834 auf Anregung seines Ururgroßvaters Leopold I. gegründet worden war. 2018 sagte Philippe bei einem Termin vor Ort, er erinnere sich noch "intensiv" an seine Zeit dort. "Ich war stolz. Es war eine neue Welt, die sich mir eröffnet hat."[7] Den neuen Kadetten riet er: "Die eiserne Disziplin, das körperliche Training, die hohen akademischen Standards dieser Schule werden Sie auf die Probe stellen. Dadurch lernen Sie sich selbst besser kennen."

Elisabeth wird es sicher ähnlich gegangen sein. Eine Sonderbehandlung erhielt die Thronfolgerin jedenfalls nicht! Genau wie die anderen jungen Männer und Frauen, die mit ihr anfingen, musste sie morgens um fünf Uhr aufstehen, bei Wind und Wetter Schießtraining absolvieren oder bei Manövern einen Fünfzehn-Kilo-Rucksack durch die Pampa tragen. Die Prinzessin, die mit anderen Kameradinnen auf einem Zimmer schlief, lernte, sich nur mit Karte und Kompass in einer fremden Umgebung zu orientieren, seilte sich an Felswänden ab, trotzte im Schlauchboot Wildwasserwellen und studierte nebenbei an der Akademie Sozial- und Militärwissenschaften. Das Pensum und die harten körperlichen Prüfungen schafften nicht alle:

Schon nach gut einem Monat waren 14 ihrer 189 Kameraden und Kameradinnen ausgestiegen.[8]

Der Chef der Kompanie, Captain Gilles Marx, zeigte sich im August 2021, am Ende von Elisabeths Ausbildung, sehr zufrieden mit der Thronfolgerin, die beim Militär nur van België hieß: "Wenn man ein Loch in den Boden graben sollte, dann war sie die Erste, die dafür aufsprang. Sie ist jetzt eine richtige Soldatin."[9] Laut Oberst Van Avermaet bestand Elisabeth "mit Bravour".[10] "Prinzessin Elisabeth hat sich in allen Bereichen, ob militärisch, akademisch, sportlich oder charakterlich, gut behauptet. Sie ist eine Kadettin, die wir gern bei uns hatten. Sie war gut in die Gruppe integriert und stach nicht hervor. Das ist ein Kompliment."

Aber auf Lorbeeren wie diesen ruht sich Elisabeth nicht lange aus. Ihren nächsten Schritt – und neue Herausforderungen – hatte sie schon fest im Blick: Seit Oktober 2021 studiert die Belgierin Geschichte und Politik am Lincoln College der weltberühmten Oxforduniversität. Es heißt, sie habe eine schriftliche Aufnahmeprüfung in Geschichte anonym eingereicht, um nicht etwa nur aufgrund ihrer Herkunft an der Topuni akzeptiert zu werden.[11] Der Preis für die Kurse in Oxford: ab rund 34.000 Euro pro akademisches Jahr für nichtbritische Studenten. Dazu kommen monatlich mindestens 1.100 Euro für Verpflegung und Unterbringung.[12]

Oxford ist eine hübsche Studentenstadt mit historischem Charme und jahrhundertealtem Kopfsteinpflaster. In der Nachbarschaft von Elisabeths College an der Turl Street locken hübsche kleine Cafés, in denen die zukünftige Monarchin unerkannt einen Kaffee trinken kann. Sie mietet sich aber auch gern mal ein Ruderboot, um mit Freunden auf dem River Cherwell, einem Zufluss der Themse, gemütlich übers Wasser zu gleiten. Wie beim Militär ist Elisabeth in Oxford als ganz normale Studentin eine von vielen. Sie geht in der Menge unter – und genießt es.

Hobbys

Für Mathilde und Philippe ist es scheinbar von großer Bedeutung, dass ihre Kinder auch in der Freizeit eine Förderung auf Toplevel erhalten. Elisabeth wurde daher von echten Koryphäen beziehungsweise in höchst renommierten Einrichtungen unterrichtet.

Elf Jahre lang – von fünf bis sechzehn – tanzte sie an der Kunstenacademie August De Boeck in Asse, einem Vorort von Brüssel. Zweimal pro Woche lernte sie, wohl ausdrücklich auf eigenen Wunsch, klassischen und modernen Tanz und hörte erst damit auf, als sie Belgien verließ, um ihr Abitur im britischen Wales zu machen. Ihre Ballettlehrerin Kathleen Schroyens erinnert sich noch an ihre erste Begegnung mit der Prinzessin: "Andere Kinder brachten am ersten Tag ihre Mamas oder Großmütter mit. Aber sie kam allein, wurde nur vom Chauffeur hierherbegleitet. Ein süßes Mädchen, das seine Tasche selbst trug."[13]

Elisabeth sei extrem diszipliniert und habe sich gut in die Gruppe eingefügt. Auch ihre Eltern hätten bei Vorführungen ihrer Tochter in der Akademie ganz normal im Publikum Platz genommen, ohne jegliche Sonderbehandlung. Elisabeth habe genau gewusst, was sie wolle: Wenn sie bestimmte Schritte oder Bewegungen beherrschen wollte, sei sie sehr motiviert gewesen und habe "alles gegeben. Sie war voller Leidenschaft, Energie und Interesse", so Schroyens. "Sie hatte ein Naturtalent für Drehungen, das ist schon was Besonderes." Der Tanz habe Elisabeth Selbstvertrauen gegeben. Auf diese Weise habe sie gelernt, sich vor Publikum anmutig zu bewegen. "Das sieht man auch an ihrem Gang", findet die Expertin.

Ebenfalls im Alter von sechs startete Elisabeth mit dem Klavierunterricht. Auch Mama Mathilde spielt schon lange das Instrument, ihr Vater nimmt seit einigen Jahren Unterrichtsstunden. Elisabeths Lehrerin war Pascale del Marmol, eine berühmte Pianistin, die am Königlichen Konservatorium in Brüssel ausgebildet wurde und später unter anderem ein Stipendium des belgischen Kulturministeriums erhielt. Ähnlich wie die Ballettlehrerin erlebte del Marmol ihre Schülerin als sehr konzentriert: "Ich glaube, der Wille, Klavier zu spielen, kam bei ihr wirklich von Herzen", sagt sie.[14] "Sie interessierte sich eindeutig mehr als andere Schüler, das war ungewöhnlich für ihr junges Alter." Elisabeth sei eine gute Musikerin und habe immer fleißig geübt. "Wenn es ein spezielles Projekt gab, versank sie völlig darin. Sie hat ein sehr schönes Gespür für Phrasierungen und Klangfarbe. Sie besitzt auch Temperament, wenn es nötig ist."

Die dritte große Freizeitbeschäftigung der Thronfolgerin ist das Malen. Sie lernte es bei Pierre Chariot, einem bekannten Aquarellkünstler, der seit Ende der 1990er-Jahre ihre Großmutter unterrichtet. Paola stellte die beiden einander vor. "Elisabeth hat einen kreativen Kopf",[15] findet Chariot. Er mag sie – und das beruht offensichtlich auf Gegenseitigkeit. Als Elisabeths Mutter ihr 2013 verkündete, dass sie ab sofort mehr Wochenenden auf Schloss Ciergnon verbringen würden, war sie gleich Feuer und Flamme: "Gut, dann haben wir mehr Zeit mit Monsieur Chariot!" Der Künstler lebt nämlich ganz in der Nähe des royalen Sommersitzes, und Elisabeth besuchte ihn oft sonntagmorgens zusammen mit ihrem Vater. Noch ein Hobby, das die beiden teilen: Mathilde soll ihrem Mann diese Freizeitbeschäftigung ans Herz gelegt haben. Sie ahnte, dass die Malerei für ihn ein gutes Stressventil sein könnte. Und genauso ist es! Philippe greift heute begeistert zum Pinsel. Auch Elisabeth macht dieses Hobby großen Spaß: Sie feierte sogar mal ihren Geburtstag mit Freunden bei einem Workshop in Chariots Atelier.

Charakter

Philippe wurde früher Prinz Schüchtern genannt, weil er in der Öffentlichkeit sehr gehemmt und zurückhaltend auftrat. Erst nachdem er Mathilde geheiratet hatte und mit ihr an der Seite Termine absolvierte, wirkte er gelöster und unverkrampfter.

Seine älteste Tochter gab sich dagegen von Anfang an alles andere als scheu. In der Grundschule war sie zwar die Kleinste in ihrer Klasse, was ihr gar nicht gefiel – aber sie setzte sich dafür mit umso mehr Wumms durch.[16]

Das heißt allerdings nicht, dass sie andere herumkommandiert. Elisabeth behandelt niemanden von oben herab, das betont auch ihre Klavierlehrerin Pascale del Marmol: "Es war bemerkenswert zu beobachten, wie gut Elisabeth mit allen zurechtkam und wie die Kinder um sie herum sofort vergaßen, wer sie war."[17] Die Musikerin beschreibt ihre Schülerin als "sehr angenehm, sympathisch und sensibel".

Elisabeths Stärke ist die Empathie. Sie ist sehr darauf bedacht, Freundschaften zu pflegen und aufrechtzuerhalten. Wie wichtig ihr das Miteinander von Menschen ist, beweist sie auch im Umgang mit Fremden: Die Thronfolgerin hat in der Vergangenheit ehrenamtlich für verschiedene Organisationen gearbeitet, die Schulabgänger, Senioren, Menschen mit Behinderung oder Obdachlose unterstützen. Während der Coronapandemie führte sie Telefongespräche mit Menschen in Altersheimen, die sich wegen der Kontaktbeschränkungen isoliert fühlten.

Martina de Limon von der Organisation Les Guetteurs de l'Aube, die junge Freiwillige zwischen 13 und 22 mit ehrenamtlichen Einsätzen betraut, blieb vor allem Elisabeths unkomplizierte Art in Erinnerung: Die Thronfolgerin wollte nicht mit ihrem offiziellen Titel angesprochen werden, sondern einfach nur mit Lisa. Vor ihren Einsätzen sollte auch niemand erfahren, dass eine Prinzessin im Anmarsch war. "Weder die anderen Freiwilligen noch die Menschen, denen sie helfen würde",[18] so de Limon. Und wenn Elisabeth arbeitete, blieben ihre Leibwächter diskret im Hintergrund.

2019 spiegelte sich in einer Rede, die Elisabeth anlässlich ihres 18. Geburtstags hielt, eindrücklich ihr Wesen wider. Denn auch da machte sie das "Miteinander" sowie das gemeinsame Ziehen an einem Strang zum zentralen Thema. "Ich hatte in den letzten 18 Jahren viele bereichernde Momente",[19] begann die zukünftige Königin. "Sie haben mich zu der gemacht, die ich heute bin. 18 zu werden ist ein Übergang zu mehr Reife. Ein Moment, in dem ich über alles nachdenke, was mir gegeben wurde, und all die Möglichkeiten, die sich mir geboten haben. Und dafür empfinde ich nur Dankbarkeit." Dann folgte ein Passus, bei dem ihre Eltern, die im Publikum saßen, Tränen der Rührung in den Augen hatten. Mama Mathilde hielt ergriffen die rechte Hand ihres Mannes in ihren Händen und drückte sie ganz fest, als ihre Tochter fortfuhr: "Da ist natürlich zuallererst meine Familie. Sie ist immer da gewesen, um mich zu unterstützen und zu ermutigen. Zusammen bilden wir ein starkes Team – dazu zählen natürlich auch meine Brüder und Schwestern, Gabriel, Emmanuel und Eléonore. Danke, Mama, für deine Verfügbarkeit und dein offenes Ohr. Danke, Papa, für dein Vertrauen. Ich weiß, dass ich immer auf dich zählen werden kann."

Philippe konterte mit einer ebenso emotionalen Rede: “Wir sind stolz auf dich und darauf, wie du mit beiden Beinen im Leben stehst”, lobte der Monarch.[20] “Scheue dich nicht davor, dein Leben lang alles zu geben und dich Herausforderungen zu stellen. Es gibt so viele Möglichkeiten, sich selbst und andere besser kennenzulernen. Du hast so viel Charisma, so viele Qualitäten. Ich bin sicher, du wirst deinen Mitmenschen noch viel Freude bringen.”

Erziehungsstil

Schon mehrfach hat Philippe gestanden, keine leichte Kindheit gehabt zu haben – so wie 2022 in der TV-Doku *Paola, côté jardin* (dt. Paola, Gartenseite). Er und seine Geschwister hätten “sehr gelitten”, sagt der Monarch darin.[21] Es kamen anscheinend gleich mehrere Dinge zusammen: Einerseits steckte die Ehe seiner Eltern jahrelang in der Krise, was zu Hause dauerhaft für schlechte Stimmung sorgte. Zudem sei es König Paola und König Albert II. generell schwergefallen, ihrem Nachwuchs die nötige Wärme entgegenzubringen. Philippe litt besonders unter der strengen Art seines Vaters. Vor laufender Kamera versucht der Ex-Monarch, sein Verhalten von damals zu rechtfertigen: “Mein Vater war auch sehr streng, und ich habe ihn nachgeahmt. Ich war Philippe gegenüber sehr autoritär”, sagt er. Den sensiblen Jungen belastete die Härte des Vaters. Ein Arzt bekam damals mit, wie schlecht es dem Jungen ging, und warnte den Monarchen: “Ihrem Sohn geht es überhaupt nicht gut. Er wird krank, wenn Sie so weitermachen.” Doch statt Philippe endlich die erhoffte Liebe zu geben, habe er sich ganz von ihm abgewandt. “Ich hätte es anders handhaben sollen”, gesteht er. “Aber an diesem Punkt habe ich mein Interesse an ihm aufgegeben.” Auch Philippes Mutter Paola bereut ihre Art der Erziehung:

"Ich verstehe jetzt, wie wichtig es ist, seinen Kindern Zuneigung zu zeigen", betont sie in der Doku. "Es tut mir leid, dass wir das nicht noch einmal machen können."

Philippe ist nicht gerade bekannt für große Gefühlsausbrüche. Er wirkt prinzipiell eher reserviert. Aber die Form von Gefühlskälte, die sein Großvater und sein Vater an den Tag gelegt haben, will er nicht an die nächste Generation weitergeben. Ein gutes Verhältnis zu seinen vier Kindern ist dem König sehr wichtig. Und dass er dieses Ziel erreicht hat, beweisen die lieben Worte, die Elisabeth bei öffentlichen Auftritten für ihre Eltern findet.

Was die Erziehung ihrer Kinder angeht, befinden sich Mathilde und Philippe auf einer Gratwanderung zwischen Kopf und Herz: Einerseits sind beide sehr formell erzogen worden – und wissen, wie wichtig das ist, um auf den Alltag als Royal vorbereitet zu sein. Die belgische Journalistin Joëlle Vanden Houden, die oft über die königliche Familie berichtet, beobachtete bei einem offiziellen Termin vor vielen Jahren eine vielsagende Szene: "Ich erinnere mich, dass sehr viele Leute kamen, um der kleinen Elisabeth die Hand zu schütteln." Die Journalistin habe über den disziplinierten Auftritt des Mädchens gestaunt. Darauf habe Mathilde nur gesagt: "Das muss sie ihr ganzes Leben lang tun, also gewöhnt sie sich besser daran."[22]

Mathilde und Philippe machten Elisabeth früh klar, was auf sie zukommt. Aber sie waren bei jedem Schritt an ihrer Seite – stützend, beratend, liebend. Solang Elisabeth in Belgien zur Schule ging, fuhr ihre Mutter sie, genau wie ihre Geschwister, persönlich zur Schule, verpasste keinen Elternabend. Sie will nicht nur außerordentliche Momente mit ihr erleben, sondern auch kleine, ganz alltägliche.

Normalität – das Königspaar weiß, dass sie ihrer ältesten Tochter kaum ein größeres Geschenk machen können. Darum entschieden sie, dass Elisabeth ab ihrem 18. Geburtstag im Oktober 2019 erst einmal auf ihre Apanage von der Regierung verzichten würde. Sie sagten Nein zu 920.000 Euro im Jahr. Denn wer kassieren möchte, muss dafür auch etwas leisten, muss Termine wahrnehmen und repräsentieren. Doch Mathilde und Philippe wollten wohl, dass Elisabeth in Ruhe die Schule in Wales beenden konnte und dann die freie Wahl beim nächsten Schritt hatte, ohne sich zu stark an ihre Heimat gebunden zu fühlen. Dieses Nein zu äußerlichen Zwängen war ein Ja zu ihrem Kind.

Vorbereitung auf die Thronfolge

Obwohl es voraussichtlich noch viele Jahre dauern wird, bis Elisabeth als Königin der Belgier das Land regiert, sind jetzt schon viele Augen (und Hoffnungen) auf sie gerichtet. Die damalige belgische Premierministerin Sophie Wilmès bezeichnete die Thronfolgerin als "Symbol einer neuen Generation".[23] Sie sei das "ideale Vorbild" für eine Gesellschaft mit gleichen Chancen für alle Bürger, sagte sie 2019 in einer Parlamentsrede. "Prinzessin Elisabeth wird die erste regierende Königin sein, ein Symbol für die Evolution unserer Gesellschaft in Sachen Gleichberechtigung von Mann und Frau", betonte sie danach noch einmal auf Twitter.

Mathilde und Philippe waren sich seit Elisabeths Geburt bewusst darüber, dass ihre Tochter in der Zukunft Belgiens eine Sonderrolle einnehmen würde. Daher verloren sie auch keine Zeit, sie darauf vorzubereiten. Mit vier Jahren begleitete Elisabeth ihre Eltern im Juli 2006 erstmals zum Gottesdienst am Nationalfeiertag in der Brüsseler Kathedrale St. Michael und St. Gudula und nahm danach noch recht schüchtern ihr erstes Bad in der jubelnden Menge vor dem Gotteshaus. Mit fünf Jahren eröffnete sie ein Technikmuseum für Familien und mit neun ein nach ihr benanntes Kinderkrankenhaus. Elisabeth war gerade mal zwölf, als sie 2011 bei einer Gedenkfeier zum Ersten Weltkrieg eine selbst geschriebene Rede in allen drei Landessprachen hielt. Herausforderungen wie diese absolvierte Elisabeth bisher mit Bravour – und entwickelte sich so in den vergangenen Jahren zu einer Geheimwaffe des belgischen Königshauses. Obwohl sie im Ausland studiert, zieht sich die Thronfolgerin nicht völlig aus den royalen Aufgaben heraus: In den Semesterferien kehrt sie nach Hause zurück und unterstützt ihre Eltern bei wichtigen Terminen. Im Juni 2019 besuchte sie mit ihrer Mutter ein kenianisches Flüchtlingslager – es war ihr erster offizieller Auslandsbesuch. Im März 2022 fuhr sie mit ihrem Vater in den Ort Strépy-Bracquegnies, in dem ein Auto bei einem Karnevalsumzug ungebremst in eine Menschenmenge gerast war. Philippe und Elisabeth sprachen den Menschen vor Ort ihr Mitgefühl aus.

Die Thronfolgerin geht ihren eigenen Weg, achtet aber darauf, dass der sich regelmäßig mit dem ihrer Eltern kreuzt. Dabei pickt sie sich nicht nur die Rosinen heraus. Schon jetzt macht Elisabeth durch ihre Beständigkeit deutlich, dass Belgien sich auf sie verlassen kann. Komme, was wolle.

Look

Sie ist ein modisches Chamäleon: Elisabeth fühlt sich einerseits in einer Militäruniform wohl und wirft sich, ohne mit der Wimper zu zucken, in den tiefsten Matsch – andererseits verleiht sie dem leicht angestaubten belgischen Königshaus bei offiziellen Terminen durch ihre clever gewählten Designeroutfits einen dringend nötigen Hauch von Glamour.

Die britische *Vogue* kürte Elisabeth 2020 zu einer der "stilvollsten Prinzessinnen der Welt".[24] Laut Experten ähnelt ihr Kleidungsstil dem der Herzogin von Cambridge, geborene Kate Middleton. "Sie trägt häufig feminine Kreationen belgischer Designer, bei formalen Anlässen oft Mantelkleider, dazu dezenter Schmuck und Accessoires, um das Outfit abzurunden."

Auch an ihrem 18. Geburtstag wählte Elisabeth ein knielanges Mantelkleid: weiß mit Reverskragen und breitem Gürtel. Es stammte vom Label Natan, hinter dem Designer Edouard Vermeulen steckt, dem auch das holländische Königshaus in puncto Mode voll vertraut. Ihr Geburtstagskleid suchte die Thronfolgerin persönlich bei ihm aus. Ob es kompliziert sei, mit ihr zu arbeiten, wurde der Modeschöpfer im Interview gefragt. "Nein, überhaupt nicht", betonte er.[25] "Sie weiß genau, was sie will." Für diesen Anlass habe er Elisabeth durch seinen Showroom geführt. "Ich habe ihr das eine oder andere angeboten, und dann sagte sie zu mir: 'Das ist es, und ich hätte es gern weiß.'" Vermeulen verriet außerdem, dass er sehr beeindruckt von der zukünftigen Königin sei. "Sie kennt sich bei so vielen Themen aus und interessiert sich für viele Dinge. Ich gratuliere dem König und der Königin! Sie haben sie gut vorbereitet. Sie lebt in der Welt des Hier und Jetzt, nicht in ihrer eigenen Blase."

BUNTE-Fun Fact

Plötzlich Nichte! Mit 18 bekam Elisabeth noch mal eine neue Tante: Denn ein Gericht erkannte im Oktober 2020 eine uneheliche Tochter ihres Großvaters, König Albert II., an. Schon 2013 hatte Delphine Boël eine Vaterschaftsklage eingereicht und einen

DNA-Test verlangt – doch den verweigerte der Monarch, bis er gerichtlich dazu gezwungen wurde.

Das Ergebnis: positiv! Und so wurde aus der zu diesem Zeitpunkt 52-jährigen Künstlerin auf einen Schlag eine Prinzessin von Sachsen-Coburg und Gotha (so lautet Alberts eigentlicher Familienname).

Delphines Mutter, Baronin Sybille de Sélys Longchamps, hatte nach eigener Aussage von 1966 bis 1984 ein Verhältnis mit Albert II. Der Monarch habe sogar vorgehabt, seine Frau Paola zu verlassen, doch dazu kam es nie. Longchamps war von 1962 bis 1978 mit dem Industriellen Jacques Boël verheiratet, der angeblich von Anfang an gewusst haben soll, dass Delphine nicht seine Tochter ist.

Kurz nach dem Gerichtsurteil zu ihren Gunsten traf Delphine sich auf Schloss Laeken erstmals mit ihrem neuen Halbbruder, Elisabeths Vater Philippe. "Es war eine herzliche Begegnung", schrieben die beiden in einem gemeinsamen Statement auf dem Instagram-Account des Hofes. "Dieses lange und bereichernde Gespräch gab uns die Gelegenheit, einander kennenzulernen. Wir sprachen über unser jeweiliges Leben und Bereiche von gemeinsamem Interesse. Diese Bindung wird sich im familiären Umfeld weiterentwickeln."

Als Delphine Anfang 2022 an der belgischen Version von *Let's Dance* teilnahm, gab es keinen Kommentar ihrer neuen Familie dazu. Sie schied nach nur vier Folgen aus – vielleicht nicht das einzige Parkett, auf dem es ihr noch an Übung fehlt.

George *von* England

Der König der Herzen

Er zählt zur ersten Generation im Königshaus, die ohne das Konzept der *stiff upper lip* aufwächst. George unterdrückt seine Gefühle nicht, er zeigt sie ganz offen, ist impulsiv, authentisch und ein bisschen *cheeky* (frech). Damit macht er die von etlichen Skandalen gebeutelte Monarchie wieder liebenswürdig. Kaum ein anderer junger Royal ist – dank der Erziehung seiner Eltern – so geerdet wie er: Der Brite macht trotz einer Armee von Angestellten sein Bett selbst, kocht Nudeln für Mama und pflanzt Gemüse an. Er sammelt Müll auf und lässt seine Hüften zu den Klängen von Shakira kreisen. *What's not to like?*

Name & Titel

Georges Geburt wurde von seinen Landsleuten sehnlichst erwartet. Viele davon litten allerdings nicht unter schwärmerischem "Babyfieber", sondern freuten sich auf das Geld, das der kleine Thronanwärter in die britischen Kassen spülen würde. Das Institut für Handelsforschung in Nottingham schätzte den Umsatz mit George-Souvenirs sowie Alkoholausschank zum Anstoßen aufs Baby vorab auf 342 Millionen Euro.[1]

Auch seine Mutter Herzogin Catherine, kurz Kate, konnte die Niederkunft wohl kaum erwarten. Schließlich hatte sie während der Schwangerschaft unter extremer Übelkeit, formell Hyperemesis gravidarum genannt, gelitten. Ihr Zustand war so schlimm, dass sie zeitweise sogar im Krankenhaus behandelt werden musste. "Da während der Schwangerschaft alles so schlimm gewesen war, mochte ich die Wehen ganz gern", gestand Kate später. "Weil ich wusste, dass es sich dabei um ein Ereignis handelt, das ein Ende haben wird!"[2] Um alles möglichst locker zu überstehen, nutzte sie Hypnobirthing-Techniken (Selbsthypnose).

Ihr erster Sohn kam am 22. Juli 2013 um 16.24 Uhr im St. Mary‘s Hospital im Londoner Stadtteil Paddington zur Welt. Laut Hofprotokoll ist die Queen die Erste, die über dieses freudige Ereignis informiert werden muss, Kates Mann Prinz William soll seine Großmutter sofort angerufen haben. Fans und Fotografen hatten bereits wochenlang vor dem Gebäude Stellung bezogen, um den Tag X nicht zu verpassen.

Denn dass Kate ihr Kind im noblen Privatflügel Lindo Wing des Krankenhauses gebären würde, war glasklar. Seit Jahrzehnten ist das die Geburtsadresse der britischen Royals, auch William und sein Bruder

Harry schnappten dort das erste Mal nach Luft. Das hat seinen Preis: Eine natürliche Geburt mit Fünf-Sterne-Faktor kostet rund 7.300 Euro, ein Kaiserschnitt 9.300.[3]

Während für Otto-Normal-Eltern nach einer gelungenen Geburt ein Gefühl der Erleichterung eintritt, mussten Kate und William gleich die nächste Hürde nehmen: einen Fototermin mit Baby in Anwesenheit der Weltpresse. Traditionell posieren die Royals vor dem Eingang des Lindo Wings – das hatten auch Williams Eltern Prinz Charles und Prinzessin Diana so getan. "Leicht angsteinflößend" sei dieses Erlebnis gewesen, erinnert sich Kate.[4] "Alle hatten uns so unterstützt, und William und ich waren uns bewusst, dass man aufgeregt darauf wartete. Es war uns wichtig, unsere Freude und Wertschätzung mit der Öffentlichkeit zu teilen. Aber dieses Ereignis war gleichzeitig gekoppelt mit einem neugeborenen Baby, unerfahrenen Eltern und der Unsicherheit, die damit einherging." Sie und William hätten "gemischte Gefühle" und vorab sogar zu Hause mit einer Babypuppe geübt.

Kate plante alles, so gut es ging: Ihre Hairstylistin Amanda Cook Tucker kam ins Krankenhaus und föhnte ihr die lange Mähne, beim Verlassen des Krankenhauses trug die Herzogin dann ein hellblaues Kleid mit weißen Punkten von ihrer Lieblingsdesignerin Jenny Packham. Auf diese beiden Damen setzte sie auch nach den Geburten ihrer folgenden Kinder Charlotte (* 2.5.2015) und Louis (* 23.4.2018). Während Kate mit George eine Nacht im Krankenhaus blieb, machte sie sich die beiden Male danach schon wenige Stunden nach der Geburt auf den Weg nach Hause. Übung macht die Meisterin!

Einen Tag nach dem geglückten Fotoauftritt gab der Hof den Namen des Babys bekannt: His Royal Highness Prince George Alexander Louis of Cambridge.

Seinen ersten Vornamen "erbte" er von seinem Ururgroßvater, König George VI. (1895–1952), dem Vater seiner Großmutter Elizabeth II.

Von ihr stammt sein zweiter Vorname: Denn die Queen heißt mit vollem Namen Elizabeth Alexandra Mary. Und Louis ist ein Vorname, den man auch seinem Vater William gab. Da William der Herzog von Cambridge ist, hat George diesen Namen. Als Urenkel von Königin Elizabeth und dem 2021 verstorbenen Prinz Philip lautet Georges eigentlicher Familienname Mountbatten-Windsor, doch der kommt wegen seiner anderen Titel nicht zum Einsatz.

In der Schule fallen alle Titel weg, da wird er nur schlicht George Cambridge genannt – oder PG für Prinz George. Daraus machten Kate und William dann ihren ganz eigenen Kosenamen für ihren Erstgeborenen: Sie rufen ihn PG Tips nach der britischen Teemarke. Seine Schwester Charlotte hat einen französischen Spitznamen. In einem Video war mal zu hören, dass George sie Mignonette ruft, was so viel heißt wie klein und niedlich.

Nach seinem Großvater Prinz Charles und seinem Vater steht George an dritter Stelle der britischen Thronfolge. Wird Charles König, übernimmt William den Titel Prince of Wales, und dann wird aus George of Cambridge automatisch George of Wales. Durch Georges Geburt trat eine Besonderheit ein: Erstmals seit über hundert Jahren waren drei Generationen zukünftiger Monarchen gleichzeitig am Leben.

Familie & Freunde

Drei Monate nach seiner Geburt wurde George am 23. Oktober 2013 in der Kapelle des St. James Palastes getauft. Die vom Erzbischof von Canterbury durchgeführte Zeremonie dauerte nur 35 Minuten, und es waren nur 22 enge Familienmitglieder anwesend, so hatten es sich William und Kate gewünscht. Unter anderem mit dabei: Georges Urgroßeltern väterlicherseits, Königin Elizabeth und Prinz Philip, seine Großeltern väterlicherseits, Prinz Charles und dessen Frau Camilla, sowie seine Großeltern mütterlicherseits, Carole und Michael Middleton.

Der Täufling trug die Kopie eines Taufkleids, das in der britischen Königsfamilie seit der Taufe der ältesten Tochter Königin Victorias 1841 im Einsatz war: Die schottische Schneiderin Janet Sutherland hatte das Original aus Seidensatin und Klöppelspitze, das von über sechzig royalen Babys getragen wurde, handgefertigt. 2008 erschuf Hofschneiderin Angela Kelly dann für die kommenden Generationen eine Replik.

George hat sieben Taufpaten und Taufpatinnen, nur eine davon ist blaublütig: Zara Tindall, die Tochter von Prinzessin Anne und Cousine seines Vaters William. Ansonsten wählten die jungen Eltern Kandidaten aus ihrem Freundeskreis: Da ist William van Cutsem, schon seit Kindertagen ein enger Verbündeter Williams, genau wie Hugh Grosvenor, 7. Duke of Westminster und einer der reichsten Männer des Landes. Oliver Baker lernten William und Kate während ihres gemeinsamen Studiums an der schottischen Eliteuni St. Andrews kennen. Jamie Lowther-Pinkerton war bis 2012 Privatsekretär und Pressesprecher des Paares und blieb ihr Vertrauter. Emilia Jardine-Paterson gilt als beste Freundin von Kate.

George *von* England

GEBURTSDATUM:	22. JULI 2013
GEBURTSORT:	LONDON, GROSSBRITANNIEN
ELTERN:	PRINZ WILLIAM, HERZOG VON CAMBRIDGE, UND CATHERINE, HERZOGIN VON CAMBRIDGE
GESCHWISTER:	CHARLOTTE (2. MAI 2015) UND LOUIS (23. APRIL 2018)
STERNZEICHEN:	KREBS
HOBBYS:	GARTENARBEIT, FUSSBALL, RUGBY, TENNIS

Für William ist es außerdem ungemein wichtig, das Andenken an seine Mutter Prinzessin Diana hochzuhalten, die 1997 im Alter von gerade mal 36 auf tragische Weise durch einen Autounfall ums Leben kam. William war damals 15 und vermisst seine geliebte Mutter bis heute schmerzlich. Daher fiel seine Wahl bei der letzten Patin auf Julia Samuel, die eng mit Diana befreundet gewesen war. Im Juli 2020 sagte die Psychotherapeutin im Podcast *How To Fail With Elizabeth Day*: "Ich tue für George das, was Diana damals für ihre Kinder getan hat. Ich bringe ihn zum Lachen. Und das bringt auch mich zum Lachen."

George und seine Geschwister wissen genau, wer ihre Oma Diana ist – auch wenn sie ihr traurigerweise nie selbst begegnet sind. William erzählt seinen Kindern Geschichten aus der Vergangenheit und zeigt ihnen Fotos. Am Muttertag 2021 veröffentlichte der Palast auf Twitter Grußkarten, die George, Charlotte und Louis für ihre verstorbene Großmutter verfasst hatten. "Papa vermisst dich", hatte Charlotte auf eine geschrieben. George richtete auf rosa Papier folgende Worte an seine *granny* Diana: "Ich liebe dich sehr und denke immer an dich."

Mit ihrem Opa Charles verbringen Williams und Kates Kinder viel Zeit. Der Prinz, der einen besonders grünen Daumen hat und sich stark für Nachhaltigkeit einsetzt, benannte sogar einen Garten nach seinem ersten Enkelkind: den Prince George's Wood auf dem königlichen Landsitz Balmoral in Schottland. Den ersten Baum darin pflanzte er nach Georges Geburt. Vor

allem im Herbst erstrahlt der Garten in leuchtenden Farben. "Dann ist es hier magisch", erklärte der Thronfolger einmal.[5]

Oma Carole Middleton, eine bürgerliche Unternehmerin, die mit ihrer Firma Party Pieces, einem Versandhandel für Partyzubehör, zu Reichtum gelangte (der Wert des Unternehmens wurde zuletzt auf über 35 Millionen Euro geschätzt)[6], ist für alltägliche Freuden im Leben ihrer Enkel zuständig: In der Weihnachtszeit versteckt sie zum Beispiel kleine skandinavische Wichtelfiguren mit Rauschebart und roter Zipfelmütze im ganzen Haus, um George und die anderen zum Lachen zu bringen.

Seine Urgroßmutter Elizabeth darf George schlicht Gan-Gan nennen. Hof-Insider sagen, dass er der Liebling der Königin sei und sie sich förmlich "verbiege", um Zeit mit ihm zu verbringen.[7]

Auch zu seinem Urgroßvater Prinz Philip hatte George einen besonderen Draht. Nach dessen Tod veröffentlichte William ein bisher unbekanntes Foto der beiden: Philip, ein begeisterter Kutschfahrer, der auch an Rennen teilnahm, sitzt darauf mit George auf dem Bock einer Kutsche. Prinz William schrieb dazu: "Ich werde die besonderen Erinnerungen, die meine Kinder an ihren Urgroßvater haben, immer zu schätzen wissen. Er holte sie in seinem Wagen ab, und sie konnten seinen ansteckenden Sinn für Abenteuer sowie seinem schelmischen Sinn für Humor selbst erleben."

Die britischen Royals sind äußerst tierlieb, Queen Elizabeth besaß bis dato über dreißig Corgis, eine britische Hunderasse mit auffällig kurzen Beinen. Schon bevor William und Kate Kinder hatten, besaßen sie Lupo, einen schwarzen Cockerspaniel. Kates Bruder James Middleton, ein Hobby-Hundezüchter, der überzeugt davon ist, dass seine Vierbeiner ihm aus einer Depression heraushalfen, schenkte seiner Schwester und deren Mann den tierischen Begleiter zu ihrer Hochzeit im Jahr 2011.

Lupo soll sogar dabei assistiert haben, den Namen für George auszuwählen: Angeblich waren sich Kate und William unsicher und schrieben ihre Favoriten auf verschiedene Zettel. Lupo habe dann mit seiner Pfote auf denjenigen gezeigt, auf dem "George" stand.[8]

Lupo und George waren von Anfang an ein unzertrennliches Team: Der kleine Junge teilte sogar großherzig sein Lieblingseis (Magnum White Chocolate) mit dem Vierbeiner. Im November 2020 starb Lupo, und Kate veröffentlichte auf Instagram einen rührenden Satz: "Lupo war in den letzten neun Jahren das Herz unserer Familie, und wir werden ihn sehr vermissen."

Inzwischen haben die Cambridges ein neues tierisches Familienmitglied: James Middleton schenkte ihnen Orla, eine Nichte Lupos, die genauso aussieht wie er.[9] Eine würdige Nachfolgerin, die alle Cambridges sofort in ihr Herz schlossen. Das sorgte im Hundehimmel sicher für Freudengebell.

Zuhause

George nennt seit der Geburt zwei Orte sein Zuhause. Zunächst ist da das Apartment 1A im Kensington-Palast. Wobei es sich bei dieser Bezeichnung um eine extreme Untertreibung handelt: Denn Apartment 1A ist nicht etwa eine einfache Wohnung, sondern besteht aus zwanzig prächtigen Zimmern, die sich auf vier Stockwerke verteilen. Der Kensington-Palast liegt im Westen Londons, direkt am Hyde Park, daher hat man von vielen der Zimmer auch einen einzigartigen Blick auf die weltberühmte Grünanlage.

Kate und William zogen 2013 dort ein, nachdem der Palast, von dem große Teile der Öffentlichkeit zugänglich sind, über zwei Jahre hinweg renoviert worden war. Für William war es eine vertraute Umgebung:

Seine Eltern lebten dort nach ihrer Hochzeit, und Prinzessin Diana blieb mit ihm und Harry in den Räumen, nachdem sie und Charles sich 1992 trennten. Sicher hat William im Kensington-Palast viele schöne Erinnerungen gesammelt, aber es müssen auch viele traurige darunter sein. Denn das Gebäude aus dem 17. Jahrhundert ist auch der Ort, an dem der Sarg seiner Mutter in der Nacht stand, bevor er von einer Pferdekutsche zur Westminster Abbey gezogen wurde. Trauernde Diana-Fans hinterließen ein Meer aus Blumenbouquets vor den Palasttoren.

Wie genau es in den Privatgemächern der Royals aussieht, ist nicht bekannt. Aber bei einem Treffen mit Marcus Engman, dem damaligen Designchef von Ikea, erzählten Kate und William, dass sie im Kinderzimmer Möbel des schwedischen Unternehmens stehen haben.[10] Georges Raum soll außerdem mit *Peter-Hase*-Deko ausgestattet gewesen sein. Kate ist angeblich ein Fan des britischen Kinderbuchs von Beatrix Potter, das 1902 unter dem Titel *The Tale of Peter Rabbit* erschien.

Zu sehen waren aber bisher nur offizielle Empfangsräume und Salons. Diese sind bestimmt von dunklen Holzmöbeln, Lampen mit Messingfuß, Kissen mit Blumendruck und historischen Gemälden aus der Royal Collection.

Die Queen schenkte Kate und William zur Hochzeit den Landsitz Anmer Hall, drei Autostunden nördlich von London in der Grafschaft Norfolk. Das Gebäude aus dem 19. Jahrhundert steht auf dem Sandringham Estate der Königin, die in ihrem Schloss dort immer mit der Familie Weihnachten feiert.

Die Cambridges verbrachten die Jahre 2015 bis 2017 in Anmer Hall, weil William zu der Zeit bei der nahe gelegenen East Anglian Air Ambulance als Pilot von Rettungshubschraubern beschäftigt war. Danach zogen sie wieder zurück in den Kensington-Palast, damit Kate und William Vollzeit ihren royalen Aufgaben nachgehen und George in London eingeschult werden konnte. Während der Pandemie zog sich die Familie allerdings wieder einige Monate auf ihren Landsitz zurück.

Denn dort herrscht Idylle pur: Das L-förmige Backsteingebäude mit zehn Schlafzimmern ist von Wald und Feldern umgeben, auf denen Schafe grasen. Im Garten ist genug Platz für die Schaukeln und Klettergeräte der Kinder, dort können sie herumtoben und mit ihrem Vater Fußball spielen. “Wir verbringen so viel Zeit wie möglich hier”, sagte William 2021 in der Audioserie *Time to Walk* von Apple. “Es ist ein ganz besonderer, friedvoller Ort. Wir sind sehr glücklich, draußen auf dem Land zu sein.”

Auf dem Grundstück von Anmer Hall schillern ein Naturteich und ein Pool. Aber Schwimmen hat George genau wie sein Vater im Indoorbecken des Buckingham-Palastes gelernt, dem langjährigen Zuhause der Queen. Prinz Philip soll dort bis ins hohe Alter fast täglich seine Bahnen gezogen haben. Prinz Charles zweckentfremdete das Gewässer als kleiner Junge: Er lud angeblich Freunde zu Modellbootrennen ein.[11]

Im August 2022 bestätigten Kate und William Gerüchte über ihren Umzug in die Grafschaft Berkshire westlich von London. Ihr neues Zuhause: das Adelaide Cottage auf dem Gelände von Schloss Windsor, das die Queen wenige Monate zuvor zu ihrem neuen Hauptwohnsitz erklärt hatte. Ganz in der Nähe, im Örtchen Bucklebury, leben auch Kates Eltern. Für die junge Familie ergibt es also gleich doppelt Sinn, sich dort niederzulassen.

Betreuung & Ausbildung

Seit sich Maria Teresa Turrion Borrallo um George und seine Geschwister kümmert, ist sie das wohl berühmteste Kindermädchen der Welt! Die Spanierin kam zu den Cambridges, als George acht Monate alt war – und greift seinen Eltern bis heute unter die Arme.

Maria ist eine echte Norland-Nanny und besuchte das gleichnamige College im britischen Bath. Das Norland College gilt als die Institution schlechthin in puncto Kinderbetreuung, Absolventinnen wurden auch von Superstars wie Mick Jagger oder Sting angestellt. Bei der Arbeit tragen Norland-Nannys alle die gleiche Uniform, bestehend aus einem wadenlangen beigefarbenen Schwesternkleid mit weißem Kragen, flachen Schuhen, einem dunkelbraunen Hut und weißen Handschuhen.

Ein Insider verriet dem Magazin *Hello!*: "Maria hatte für andere hochkarätige Familien gearbeitet, dadurch wussten die Cambridges von ihr und haben sie engagiert. Sie ist nicht verheiratet, hat keinen Freund und sie widmet sich total der Familie, für die sie arbeitet. Sie ist dafür bekannt, absolut professionell zu sein – verheiratet mit ihrem Job."[12] Maria begleitet die Royals auf mehrere Staatsbesuche: 2014 kam sie mit nach Australien, 2016 nach Kanada und 2017 nach Deutschland. Dank ihr konnte George schon im Alter von drei Jahren auf Spanisch bis zehn zählen – das verriet Kate 2017 bei einem offiziellen Termin.[13]

Hoffentlich verhält sich George seiner Nanny gegenüber netter, als sein Vater es früher tat. Prinz William sei als Kleinkind ein echter "Schrecken" gewesen, schreibt Tina Brown in ihrem 2022 erschienenen Buch *Palace Papers: Die Windsors, die Macht und die Wahrheit* (Droemer Verlag). Königin Elizabeth habe sich bei ihrem Mann beschwert, dass ihr Enkel "außer Kontrolle" sei, will die preisgekrönte Autorin und Adelskennerin wissen. Mit vier Jahren soll William seiner Nanny gedroht haben: "Niemand sagt mir, was ich zu tun habe! Wenn ich König bin, lasse ich dich bestrafen." Ob Maria Teresa Turrion Borrallo, die zu den Royal Kids zwar liebevoll, aber wenn es sein muss auch streng sein soll, solche Kommentare durchgehen lassen würde?

Von Januar 2016 bis September 2017 besuchte George den Kindergarten Westacre Montessori School Nursery in Norfolk. Danach wechselte er auf die Thomas's-Battersea-Privatschule im Südwesten Londons. Unter britischen Eltern gilt die Einrichtung, die eine lange Warteliste haben soll, als "beste Bildung, die man für Geld kaufen kann". 19.500 Euro kostet ein Jahr Unterricht an der Thomas's Battersea.[14] Dafür wird aber auch einiges geboten: Die Schule verfügt über Kunstateliers, einen Töpferraum, einen Ballettsaal und eine eigene Skilodge in Österreich. Schüler können Unterricht im Reiten, Hockeyspielen, Fechten, Nähen oder Debattieren nehmen, es gibt Yoga-, Judo- und Schreinerkurse.

Georges Vater William wurde mit acht Jahren aufs Internat geschickt – für seinen Sohn wünschte er sich anscheinend einen anderen Weg. Er und Kate sollen nichts dagegen haben, dass George eines Tages wie seine Eltern ein Internat besucht. Sie wollen ihn aber angeblich mitentscheiden lassen, wann der Zeitpunkt dafür gekommen ist. "Diese Entscheidung wollen sie als Familie treffen", will ein Insider wissen.[15] "Sie würden George niemals zwingen zu gehen."

Seit dem Umzug nach Windsor im Herbst 2022 besuchen George und seine Geschwister die private Lambrook School nahe Ascot. In einem Statement erklärten Kate und William, George und Charlotte hätten auf der Thomas's Battersea einen "glücklichen Start" gehabt. Nun seien sie froh, "für alle drei Kinder eine Schule gefunden zu haben, die ein ähnliches Ethos und ähnliche Werte vertritt."

Hobbys

Geerdeter als George kann man nicht sein – und zwar im wahrsten Sinne des Wortes: Der kleine Prinz kennt das Gefühl von sonnenwarmer Erde zwischen seinen Fingern. Er weiß, wie selbst gepflanzte Tomaten und Erdbeeren schmecken. Und was man tun muss, damit die eigene Ernte zum Erfolg wird. George und seine Geschwister wuseln gern im Garten von Anmer Hall herum! Sie sollen dort eigene Beete haben, wo sie Gemüse, Obst und Blumen großziehen. Opa Charles und Uroma Elizabeth erhalten wohl regelmäßig Schnappschüsse vom aktuellen Wachstumsstatus.

Die Lust der Kinder aufs Gärtnern sei seit 2019 besonders gewachsen, sagen Insider: In dem Jahr entwarf Mama Kate für die berühmte Chelsea Flower Show einen märchenhaften Garten mit. Es heißt, die Kinder durften ihn schon vor der Eröffnung besuchen und ihrer Mutter beim Dekorieren mit Moos, Blättern und Ästen helfen. Kate sagte einmal: "Ich glaube daran, dass die Zeit, die wir als junge Menschen draußen verbringen, das Fundament dafür legt, dass aus Kindern glückliche und gesunde Erwachsene werden."[16]

Das grüne Hobby wird George von der ganzen Familie ans Herz gelegt. Auch seine beiden Großmütter lieben Gartenarbeit! Seine Stiefoma Herzogin Camilla, die Prinz Charles acht Jahre nach dem Tod von Diana heiratete, erzählte bei einem Termin, dass sie all ihre Enkelkinder mit in ihren Garten nehme und die Kinder Stunden damit verbringen würden, Erbsen direkt aus der Schale zu essen.[17]

Oma Carole Middleton, die als Partyplanerin ans perfekte Organisieren gewöhnt ist, geht das Ganze professionell an: "Wenn ich mit meinen Enkelkindern im Garten arbeite, habe ich verschiedene 'Aktivitätsstationen' vorbereitet",[18] sagte sie in einem Interview. "Es ist wichtig, dass Kinder die Natur schätzen. Und ein Teil davon ist, dass sie sich mit Matsch bekleckern", weiß sie. Mit den Kindern pflanze sie Kartoffeln, Rote Bete und Karotten

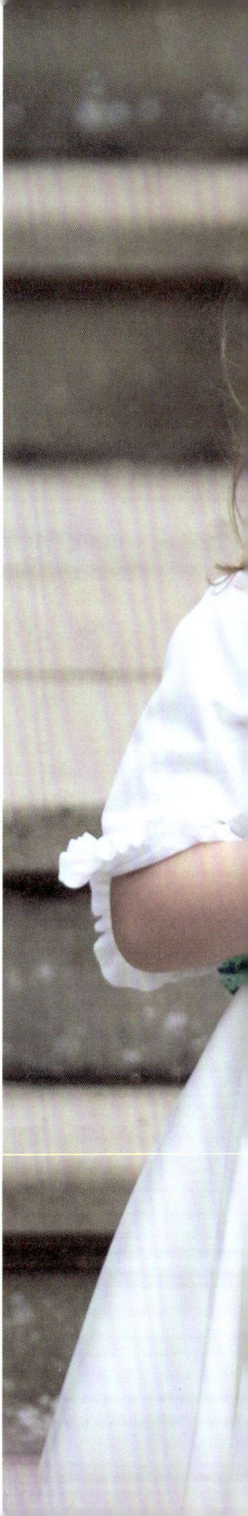

an. So würden sie neben dem Gärtnern auch gleich noch etwas über gesunde Ernährung lernen.

George sei ein echtes "Draußen-Kind", erklärte Prinz William in der Doku *A Planet for Us All* auf Discovery Plus im Jahr 2020. "Wenn er nicht draußen ist, ist er wie ein eingesperrtes Tier. Er muss raus!"

Im November 2021 bestand George eine Outdoor-Mutprobe: Edward Michael "Bear" Grylls, ein bekannter britischer Survival-TV-Star, besuchte den Prinzen zu Hause. Während sich die beiden im Garten unterhielten, sei ein Strom von Ameisen über Georges Füße gelaufen. "Ich sagte: 'Komm, wir müssen jetzt eine essen'",[19] so der Überlebenstrainer. "Ach, wirklich?", habe George erst zögerlich geantwortet und dann mitgemacht. Seine Augen hätten geleuchtet "wie bei jedem, der in der Wildnis unterwegs ist, sich seinen eigenen Ängsten stellt und diese überwindet", erinnert sich Grylls. "Was für ein kleiner Held."

Aber auch wenn sich George bei diesem Anlass dazu hinreißen ließ, ein Insekt zu verspeisen, setzt er sich ansonsten sehr dafür ein, die Natur und ihre Bewohner zu schützen. Mit seiner Schulklasse habe er Müll aufgesammelt, plauderte William Ende 2021 aus.[20] Die Kinder seien an zwei Tagen dieselbe Route abgelaufen. "George war irritiert und etwas verärgert über die Tatsache, dass sie wieder genauso viel Müll vorfanden. Er versuchte vergeblich zu verstehen, wo der herkam. 'Wir haben doch sauber gemacht. Warum ist er nicht weg?'" William und sein Vater Charles setzen sich vehement für Natur- und Klimaschutz ein. Es wird beide mit Stolz erfüllen, dass George sich schon in jungen Jahren mit diesen Themen befasst. Die Männer haben einen Samen gesät, der in Zukunft sicher noch große Früchte tragen wird.

George birgt aber nicht nur Mut für Neues und die Liebe zur Natur in sich, sondern auch Talent beim Kicken. Im Juli 2020 bestätigte William im Podcast des ehemaligen Profifußballers Peter Crouch (*That Peter Crouch*), er könne sich vorstellen, dass sein Sohn das Zeug dazu habe, "Top-Torschütze" seines Lieblingsvereins Aston Villa zu werden. George ist wie sein Papa ein großer Fan und schlüpft zu Hause gern in ein Trikot des Clubs.

Im Februar 2022 verriet Kate bei einem Rugbyspiel zwischen England und Wales, dass ihr Sohn seit Kurzem auch noch Rugby spiele. George krähte, er habe gerade angefangen zu tackeln. "Aber dich habe ich noch nicht getackelt!",[21] meinte er zu seiner Mutter. Kate lachte und sagte: "Doch, hast du!" Bei Fußball und Rugby geht es um schnelle Reaktionen, um strategisches Denken und die Zusammenarbeit in einem Team – alles Fähigkeiten, die George auch jenseits des Sportfeldes gut gebrauchen kann!

Aber auch als Einzelkämpfer macht er sich gut: Zu Hause in Anmer Hall gibt es einen Tennisplatz, auf dem er fleißig mit seinen Eltern trainiert, die den Sport schon von Kindesbeinen an betreiben. Kate ist Schirmherrin von The Lawn Tennis Association und dem All England Lawn Tennis and Croquet Club. George bekam sogar schon eine Trainingseinheit von seinem Idol Roger Federer. "Er ist ein süßer Junge",[22] erklärte der Schweizer. Auf Georges Technik angesprochen, antwortete er diplomatisch: "In dem Alter geht es erst mal darum, überhaupt den Ball zu treffen, das gilt auch für meine Söhne."

George kann sich gut bewegen, das ließ Prinz William in einem Radiointerview verlauten: George tanze gern – er liebe es, genau wie einst seine Oma Diana. William findet: "Wenn du etwas liebst, dann mache es. Lass dir nicht von anderen dreinreden. Bleib dabei!"[23]

Musik sei ein großer Bestandteil des Cambridge-Alltags, sagt William – ebenfalls dank seiner Mutter Diana. Sie habe mit ihren Söhnen viel Musik gehört und im Auto immer laut mitgesungen. Das seien ganz besondere Erinnerungen, betont der Prinz. In der Audioserie *Time to Walk* von Apple aus dem Jahr 2021 erklärte William, einer von Dianas Lieblingssongs sei der Welthit *The Best* von Tina Turner gewesen.

Morgens gebe es immer "massive Kämpfe" zwischen Charlotte und George darum, welcher Song gespielt werden solle. Ein Favorit, auf den sich beide Geschwister einigen könnten, sei *Waka Waka* von Shakira. Die beiden würden sich verkleiden und ausgelassen ihre Hüften schwingen. William liebt diese "Glücksmomente, in denen die Kinder Spaß haben am Tanzen, Quatsch machen und singen". Ausgelassen sein, voll und ganz das Jetzt genießen – wie könnte man das besser lernen als auf diese Weise?

Charakter

Schon als Kleinkind war George *a handful*, wie die Briten sagen würden – ein gutes Stück Arbeit. Im April 2016, da war der Prinz noch keine drei Jahre alt, reisten seine Eltern für sieben Tage durch Indien. Ihren Sohn ließen sie lieber zu Hause. "Weil George zu unartig ist", erklärte Kate vor Ort. "Er würde überall herumrennen."[24]

William sagte mal in einem TV-Interview, dass George ein ziemlicher "Frechdachs" sei. "Er erinnert mich entweder an mich oder an meinen Bruder, als wir jünger waren, ich bin da nicht ganz sicher."[25] Seine Landsleute lieben George dafür, dass er *cheeky* ist. Aber wenn man ihn deswegen durch den Kakao zieht, mögen sie das gar nicht: Der amerikanische Fernsehsender HBO brachte im Juli 2021 die Zeichentricksatire *The Prince* heraus, in der die britischen Royals auf die Schippe genommen werden. George stellten die Macher darin als verwöhnten Tyrannen dar, der das Personal rücksichtslos herumkommandiert und über seinen Onkel Harry und dessen Frau Meghan lästert. In den sozialen Medien gab es einen Aufschrei: Viele Menschen dies- und jenseits des großen Teiches beschwerten sich darüber, dass man ein Kind nicht zur Zielscheibe für schlechte Witze machen dürfe. Nach nur einer Staffel wurde die Serie eingestellt.

Im privaten Rahmen kann George anscheinend ein ganz schöner Lausbube sein. Andererseits sei er aber auch sehr gewissenhaft, sagen Menschen aus seinem Umfeld. Seine jüngeren Geschwister zum Beispiel behalte er als großer Bruder immer im Auge. Er zeige jetzt schon Anzeichen dafür, mal ein "exzellenter Anführer" zu werden.[26]

Um das zu erreichen, muss man ernst genommen werden. Daher ist es sicher von Vorteil, dass George offensichtlich keinen großen Drang verspürt, sich in der Öffentlichkeit darzustellen oder vor den Kameras über die Stränge zu schlagen, wie es sein jüngerer Bruder Louis tut. Auch seine Schwester sei extrovertierter und liebe die Aufmerksamkeit, heißt es.[27]

Bei Terminen verhält sich der zukünftige König vorbildlich: Im April 2016 traf er im Alter von zwei Jahren auf Barack Obama. Der damalige US-Präsident besuchte die Cambridges mit seiner Frau Michelle zum Dinner im Kensington-Palast. George durfte extra 15 Minuten länger aufbleiben, um dem Staatsoberhaupt in Pyjama und einem niedlichen Bademantel mit aufgesticktem Vornamen brav die Hand zu schütteln.

Irritiert sei George an dem Abend nur über das Verhalten seines Onkels gewesen, erinnert sich Michelle Obama. "Onkel Harry, warum bist du so still?", habe er immer wieder gefragt.[28] Harry habe ihr gebeichtet, dass er sonst immer der *fun uncle* sei, der seinen Neffen in die Luft werfe und andere Späße mit ihm anstelle. Aber in diesem Moment habe Harry natürlich sein "bestes Verhalten" an den Tag legen wollen, habe er Michelle erklärt. Es war einer der Momente, in denen George hautnah erlebte, dass man sich als Royal manchmal zügeln muss.

Erziehungsstil

Warum sollte man mit einem Edelstahlbesteck essen, wenn man mit einem goldenen Löffel im Mund geboren wurde? Weil Gold nicht alles ist, was glänzt – und das versuchen Kate und William ihren Kindern mitzugeben.

Sie zeigen George und seinen Geschwistern, dass Spaß und Lebensfreude nichts mit Geld zu tun haben. Dass manche Erlebnisse, die nichts kosten, einfach unbezahlbar sind. Die Kinder haben diese Lektion anscheinend verstanden. Das war in einem kleinen Video zu sehen, das das Herzogpaar im April 2021 zu seinem zehnten Hochzeitstag veröffentlichte. William und Kate zeigten sich darin mit ihrem Nachwuchs so privat wie nie – beim Streifen durch Dünen und hohes Gras in tannengrünen Regenjacken. Beim Grillen von Marshmallows überm Lagerfeuer, beim Toben und Wippen im Garten, beim Kuscheln.

Kate und William kämpfen hart um jedes Stückchen Normalität. Dazu gehört für sie auch, George nicht zu sehr zu verwöhnen. So muss der zukünftige Thronfolger zum Beispiel jeden Morgen sein Bett selbst machen, heißt es.[29] Er dürfe auch nicht endlos vor Videospielen hocken, betonte Papa William einmal. Es sei schon wichtig, "seine Bildschirmzeit zu regulieren", so der Prinz.[30]

Genau wie andere Kinder auch hören George, Charlotte und Louis regelmäßig ein Nein. Kate geht ab und zu mit ihnen im Supermarkt einkaufen, lässt diesen Job nicht durchweg von Angestellten erledigen. Andere Shopper beobachteten Ende 2021, wie George und Charlotte hinter ihrer Mutter im Supermarkt hertrotteten. Und da spielten sich

Szenen ab, die wohl alle Eltern kennen: Charlotte habe sich plötzlich in einem Gang auf den Boden plumpsen lassen und keine Lust mehr gehabt weiterzugehen. "Steh auf, Schätzchen", habe Kate sie aufgefordert. George dagegen soll seine Mutter gefragt haben, ob er ein Spielzeug haben könne. Sogenannter Dinosaurierschleim hatte es ihm angetan. Kate habe nicht darauf reagiert, die Frage ihres Sohnes wahrscheinlich absichtlich "überhört", vermutete eine Beobachterin.[31]

Wichtiger als materielle Dinge ist der bürgerlichen Kate das Aufrechterhalten von Familientraditionen. Die Geburtstagskuchen für ihre Kinder backt die zukünftige Königin selbst – und das schon seit Jahren. Damit das Endergebnis eine Überraschung bleibt, fängt sie mit der Arbeit erst am Vorabend an, wenn ihre Kleinen im Bett sind. "Es ist eine Tradition geworden, dass ich bis Mitternacht mit einer völlig übertriebenen Menge an Backmischungen und Zuckerguss aufbleibe und viel zu viel mache. Aber ich liebe es", gab sie 2019 in der BBC-Sendung *A Berry Royal Christmas* preis.[32]

Und diese Freude gibt die Herzogin an ihre Kinder weiter. Kate backt gern Pizza oder Plätzchen mit ihnen. "Sie lieben es, weil sie ihre Hände dreckig machen können", sagt sie.[33] George richte beim Zubereiten von süßen Leckereien das größte Chaos an: "Schokolade und Sirup sind dann überall!"

Ihre Mühe und Geduld scheinen sich auszuzahlen: Beim Besuch einer Schule im Februar 2019 verriet Kate dem Direktor, wie gern ihre Kinder am Herd stehen. Sie würden sogar für ihre Mutter kochen, zuletzt Pasta mit Käsesoße.[34] Mit welchem Besteck gespeist wurde? Gold oder Edelstahl? Unbekannt. Aber Kates Strahlen bei dem Termin bewies, dass es ihr königlich geschmeckt hat.

Vorbereitung auf die Thronfolge

Bis George eines Tages auf dem Thron sitzt, haben sich die Wogen um ihn herum wahrscheinlich schon geglättet. Opa Charles und Papa William werden alles dafür tun. In den vergangenen Jahrzehnten haben handfeste Skandale dem Ruf der britischen Monarchie ziemlich geschadet. Als Charles noch mit Diana verheiratet war, wurde 1993 ein schlüpfriges Telefonat zwischen ihm und Camilla, mit der er damals eine Affäre hatte, aufgezeichnet und Wort für Wort in mehreren Medien wiedergegeben. Wer sich für die Details interessiert, sollte das Wort "Tampongate" googeln. Es folgte das Scheidungs- und Todesdrama um Diana.

2020 dann der "Megxit": Prinz Harry stieg aus der "Firma" aus – diesen Begriff für die königliche Familie soll Prinz Philip einst geprägt haben. Zusammen mit seiner Frau, der US-Schauspielerin Meghan Markle (bekannt aus der Anwaltsserie *Suits*), zog er nach Kalifornien. Das Paar ließ die Royals im Rahmen eines großen TV-Interviews in keinem guten Licht dastehen. Rassismus im Palast war einer ihrer Vorwürfe. Last but not least das Missbrauchsverfahren gegen Prinz Andrew, das 2022 mit einer außergerichtlichen Einigung endete. Der Job des Monarchen bringt in diesem Fall also jede Menge familiäres *baggage* (Gepäck) mit sich.

Dass er einmal König werden wird, sollen Kate und William ihrem Erstgeborenen erst nach seinem siebten Geburtstag eröffnet haben.[35] 2016, da war George drei Jahre alt, betonte William in einem Fernsehinterview noch, es sei ihm momentan erst einmal wichtig, seinem Sohn ein "stabiles Umfeld und so viel Liebe wie möglich"[36] zu schenken. Er wolle dafür sorgen, dass aus seinen Kindern "gute Menschen" werden, denen der Dienst für ihr Land und die Verpflichtung anderen gegenüber wichtig sei.

Das spiegelt sich auch in der Auswahl der Termine wider, die George und seine Geschwister bisher wahrgenommen haben. Im Mai 2020 veröffentlichte der Palast Fotos, auf denen George und Charlotte dabei halfen, Essen an Senioren auszuliefern, die sich wegen der Pandemie in Isolation befanden. Im Dezember 2020 feierten die drei Cambridge-Kids dann ihre Premiere auf dem roten Teppich: Im Londoner Palladium-Theater sahen sie mit ihrer Familie das Stück *Pantoland* an, das für Menschen in systemrelevanten Berufen aufgeführt wurde. Kate und William überlegen sich sehr genau, wann sie ihre Kinder vor die Kameras treten lassen.

Es gibt natürlich Pflichttermine für den zukünftigen Thronfolger: zum Beispiel Trooping the Colour, die alljährliche Militärparade im Juni zu Ehren des Geburtstags der Queen. Bei der steht George schon seit 2015, kurz vor seinem zweiten Geburtstag, neben seinen engsten Verwandten mit auf dem Balkon des Buckingham-Palastes.

Zusätzlich stehen offizielle Fototermine an, so wie 2016, als George im Alter von zwei Jahren als jüngster Royal eine eigene Briefmarke erhielt. Sein Motiv war eines von zehn, auf denen ansonsten die Queen, Prinz Charles und Prinz William zu sehen waren. Für ein Gruppenbild, auf dem sich die Erwachsenen hinsetzten, stellte Fotograf Ranald Mackechnie den Jungen auf mehrere Schaumstoffblöcke, damit sein Kopf auf Höhe der anderen war. "Er war absolut bezaubernd",[37] sagte Mackechnie danach. "Mit Kindern hat man nur ein kleines Zeitfenster, aber Prinz George war gut drauf, und es schien allen eine Freude zu bereiten, wie viel Spaß er an diesem Tag hatte. Er war fasziniert von den Lichtern und meiner Ausstattung und stand gern auf den Blöcken."

Im Sommer 2021 bekniete George seine Eltern angeblich, sie bei der Fußball-Europameisterschaft zu mehreren Spielen der englischen

Nationalmannschaft im Wembley-Stadion zu begleiten. Während des Finales zwischen England und Italien sprang George beim ersten Tor seiner Landsleute so aufgeregt und begeistert von seinem Sitz auf, dass die Bilder von ihm um die Welt gingen. Nach Englands Niederlage am Ende setzte er eine bedröppelte Miene auf. Alle lieben George für diese ehrlichen Gefühlsausbrüche! Das britische Königshaus stand jahrzehntelang für eine *stiff upper lip*, also Selbstbeherrschung sowie das Unterdrücken von Emotionen. George durchbricht dieses Muster – und seine Eltern lassen es bereitwillig zu. So wie im Juni 2022, als er beim Konzert zum Diamantjubiläum seiner Urgroßmutter, bei dem ihre siebzigjährige Regierungszeit zelebriert wurde, lauthals *Sweet Caroline* mitsang, als Rod Stewart auf der Bühne stand. Ob George auch in Zukunft diesem Kurs treu bleibt? Seine Landsleute würden ihn sicher weiter dafür feiern.

Look

Prinz George war gerade mal einen Tag alt, als er den ersten Fashion Hype auslöste: Das Wickeltuch des New Yorker Labels aden + anais mit kleinen grünen Vögeln darauf, in das seine Eltern ihn für den Trip vom Krankenhaus nach Hause gehüllt hatten, wurde in nur neun Tagen rund siebentausendmal bestellt. Die Website der Firma erlebte so einen

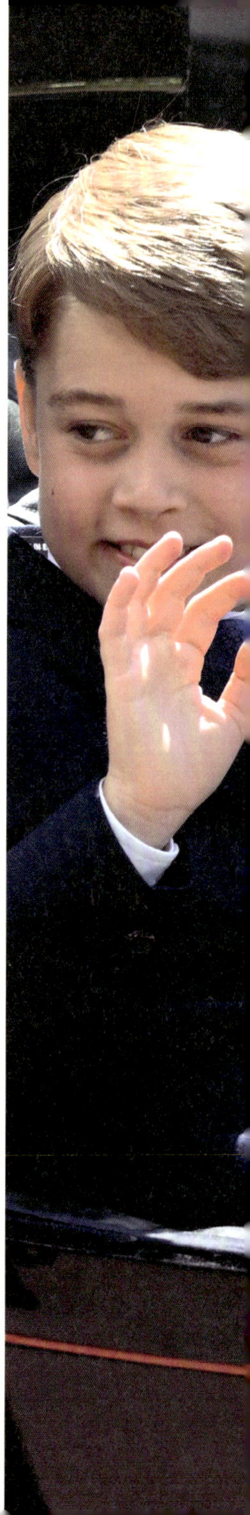

Ansturm, dass sie zusammenbrach.[38] Das war die Geburtsstunde des sogenannten George-Effektes!

Die Royals hatten nicht einmal den Hersteller des Wickeltuches bekannt gegeben. Aber gewiefte Mode-Detektive fanden das Label heraus und teilten es in den sozialen Medien. Es gibt jede Menge Eltern, die ihre Kleinen im Look des zukünftigen Thronfolgers kleiden möchten. Sie werden inzwischen auf Internetseiten wie www.whatkateskidswore.com fündig.

George konnte weder krabbeln, sitzen noch sprechen, da war er schon genauso eine Modeikone wie seiner Mutter Kate, deren Outfits oft binnen Stunden ausverkauft sind. Schließlich shoppt die Dreifachmama nicht nur bei teuren Designerlabels, sondern auch bei günstigen Anbietern wie Zara, H&M oder Marks & Spencer.

Die ersten Looks ihres Sohnes waren dagegen nichts für den schmalen Geldbeutel, denn die stammten von Luxusmarken wie Petit Bateau, Les Petites Abeilles und Rachel Riley. Mit acht Monaten nahmen Kate und William ihren Spross mit auf seinen ersten Staatsbesuch: Die Familie tourte zehn Tage lang durch Neuseeland. Georges Garderobe für den Trip war natürlich sorgsam zusammengestellt worden. Teile wie eine Latzhose mit Segelbootmotiv (120 Euro) oder kornblumenblaue Shorts (82 Euro) von Rachel Riley wurden danach zum modischen Selbstläufer.[39] Das Gleiche gilt für die blau-weiß gestreifte Latzhose von Petit Bateau (31 Euro), die George auf dem Foto trug, das anlässlich seines ersten Geburtstags veröffentlicht wurde.

Das Wirtschaftsmagazin *Forbes* kürte den jungen Briten daraufhin zum "einflussreichsten Kleinkind der Welt". Mit anderthalb Jahren landete der Prinz auf der Liste der fünfzig bestgekleideten Männer Großbritanniens, die das Magazin GQ alljährlich veröffentlicht. 2018 hob der *Tatler* den damals Fünfjährigen in den modischen Adelsstand: Als jüngster Kandidat aller Zeiten schaffte George es auf die

"Best-Dressed"-Liste des britischen Society-Magazins. Gelobt wurde dabei sein niedlicher Retrostyle.

In der Tat setzte Kate bei der Auswahl von Georges Kleidung auf einen nostalgischen, aber zeitlos schönen Look. Dass ihr Sohn während seiner ersten Lebensjahre fast ausschließlich kurze Hosen und dazu hochgezogene Kniestrümpfe trug, hat in Großbritannien Tradition: Es ist ein Dresscode der Oberschicht, der besagt, dass Jungen bis zu einem Alter von ungefähr acht Jahren Shorts zu tragen haben – alles andere gilt nicht als aristokratisch.

Es gab nur wenige Ausnahmen: Bei der Hochzeit seines Onkels Prinz Harry mit US-Schauspielerin Meghan Markle im Jahr 2018 trug George eine Uniform mit langer Hose, und beim Jawort seiner Großcousine Prinzessin Eugenie schlüpfte er fünf Monate später in eine entzückende Hose aus blauem Samt.

Erst seit der Fußball-EM 2021 – in dem Monat wurde George acht – tritt er vermehrt in langer Hose auf. Angeblich wäre er am liebsten im Englandtrikot ins Stadion gekommen. Aber das habe seiner Mutter nicht gefallen. Sie habe ihrem Sohn klargemacht, dass man die Dinge anders angehen muss, wenn man *on duty* sei wie bei diesem Termin in der Royal Box des Wembley-Stadions.[40] Und so trug George einen Anzug, genau wie Papa William. Aber egal ob mit kurzer oder langer Hose – George wird sicher sein Leben lang Modewellen schlagen.

BUNTE-Fun Fact

Als Nummer drei in der britischen Thronfolge erhält George jedes Jahr Hunderte von Geschenken, die ihm Würdenträger aus der ganzen Welt zukommen lassen. Von Papst Franziskus erhielt er 2014 eine Art Reichsapfel aus Lapislazuli, US-Präsident Barack Obama überreichte dem Prinzen im selben Jahr einen Poloschläger, dessen Holz von einem Baum aus dem Garten des Weißen Hauses stammt.

Ein ebenso spezielles Präsent sorgte im Oktober 2020 für Aufregung: Naturforscher und Tierfilmlegende David Attenborough drückte dem begeisterten George einen angeblich 23 Millionen Jahre alten versteinerten Zahn eines Riesenhais in die Hand – und löste damit einen Skandal aus! Attenborough hatte das Relikt in den 1960er-Jahren bei einem Urlaub auf Malta gefunden – doch die Mitnahme von Fossilien ist dort seit 2002 streng verboten. Maltas Kulturminister kündigte zunächst an, ein Verfahren anzustrengen, um den Zahn zurückzuholen. Doch nachdem er für dieses Vorhaben in den sozialen Medien ordentlich Spott erntete, konnte man ihm diesen Zahn ziehen. Die Regierung ruderte schließlich zurück: Man werde den Fall nicht weiterverfolgen, ließ das Kulturministerium verlauten.

Estelle von Schweden
Die Bilderbuchprinzessin

1 In der TV-Doku *Hennes vänliga höghet*, die der schwedische Sender SVT 1 im Juli 2017 anlässlich des 40. Geburtstags von Victoria ausstrahlte

2 *Aftonbladet*, 15.10.2018, "Krismöte på skolan – efter skämt att kidnappa Estelle"

3 *Svensk Damtidning*, 3.1.2022, "Victorias oväntade avslöjande om prins Oscar"

4 *Expressen*, 18.11.2015, "Victoria: Estelle ville hellre ha en hamster"

5 Aus der schwedischen TV-Doku *Hennes vänliga höghet*, Sender SVT 1, 14.7.2017

6 *Aftonbladet*, 19.11.2016, "Prins Daniel: 'Vårt samhälle står inför stora utmaningar'"

7 *Svensk Damtidning*, 22.11.2018, "Daniel i ny intervju om barnen och livet som entreprenör"

8 Gerstenberg Verlag, 25.1.2021

9 *Expressen*, 10.5.2019, "Victoria om familjelivet: 'Något jag tar med mig'"

10 Schwedische TV-Doku *Hennes vänliga höghet*, Sender SVT 1, 14.7.2017

11 www.svt.se, 21.8.2018, Tarras-Wahlberg: "Estelles skola började för länge sedan"

12 *Svensk Damtiding*, 23.1.2019, "Nya bilder på tronföljartrion! Allt om kungen, Victoria och Estelles dag"

13 Heel Verlag, 14.1.2011

14 Adjö det ljuva livet, Bokförlaget Forum, 10.10.2012

Jacques von Monaco
Der Teamplayer auf Lebenszeit

1 *People*, 11.10.2014, "How Monaco's Prince Albert Found Out He Was Having Twins"

2 www.palais.mc

3 *Paris Match*, 13.5.2015, "Monaco – The Catholic baptism of Jacques and Gabriella"

4 *Paris Match*, 23.3.2022, "Charlène de Monaco: Ce lieu isolé où la princesse vient de trouver refuge"

5 *Vanity Fair*, 14.9.2020, "Gotha: À Roc Agel, le refuge secret de Grace de Monaco et des Grimaldi"

6 *Point de Vue*, 24.4.2017, "Albert de Monaco à Rocagel: 'L'écologie commence chez soi'"

7 *People*, 26.10.2018, "Prince Albert of Monaco on His 3-Year-Old Twins' First Report Cards – and Halloween Costume Plans"

8 *Paris Match*, 5.3.2017, "Charlène: 'Elever des jumeaux, c'est du sport!'"

9 *Point de Vue*, 4.7.2018, "Charlène de Monaco: 'Jacques et Gabriella sont si forts ensemble'"

10 *People*, 23.1.2018, "Monaco's Royal Twins 'Had the Best Time' at the Circus, Says Proud Dad Prince Albert"

11 *Auto Bild*, 20.4.2018, "Willkommen in meiner Schatzkammer"

12 *Le Matin*, 7.1.2015, "Charlène et Albert: 'On change des couches 16 fois par jour'"

13 *People*, 25.2.2021, "Prince Albert Offers Peek Into His Private World as

Dad to Twins – from PEOPLE Royals' First Issue!"

14 *Paris Match*, 5.3.2017, "Charlène: 'Elever des jumeaux, c'est du sport!'"

15 Ebd.

16 *Le Matin*, 7.1.2015, "Charlène et Albert: 'On change des couches 16 fois par jour'"

17 *Paris Match*, 5.3.2017, "Charlène: 'Elever des jumeaux, c'est du sport!'"

18 *Voici*, 21.1.2021, "Albert II papa autoritaire? La princesse Charlène évoque sa relation avec Gabriella et Jacques"

19 *People*, 8.9.2021, "Prince Albert 'Appalled' at Princess Charlene Rumors: 'She Didn't Leave in a Huff, She Didn't Go into Exile'"

20 *Voici*, 30.6.2021, "Charlène absente: ce rituel que Gabriella et Jacques s'accordent avec leur père Albert II"

21 *People*, 19.11.2021, "Prince Albert Tells PEOPLE Princess Charlene Is in a Treatment Facility: 'She Realized She Needed Help'"

22 *Paris Match*, 25.11.2021, "Exclusif – Albert II: 'Charlène ne souffre d'aucune maladie grave ou incurable'"

23 6.5.2022, "Les dessous d'un contrat en or"

24 *Nice Matin*, 25.5.2022, "EXCLUSIF. La princesse Charlène de Monaco sort de son silence et répond aux rumeurs"

25 *People*, 27.10.2021, "Prince Albert Dishes on Prince Jacques and Princess Gabriella's Next Big Step into Royal Life"

26 Ebd.

27 *People*, 25.2.2021, "Prince Albert Offers Peek Into His Private World as Dad to Twins – from PEOPLE Royals' First Issue!"

28 *People*, 11.5.2018, "American Princess in Philadelphia! Prince Albert Opens Mom Princess Grace's Childhood Home"

Leonor von Spanien
Die Perfektionistin

1 *El País*, 31.10.2005, "Es una niña grande y parece que fuerte"

2 *El País*, 7.11.2005, "Los Príncipes de Asturias presentan a la infanta Leonor al abandonar la clínica"

3 Bisher nur auf Spanisch, herausgegeben von La Esfera de los Libros am 1.10.2015

4 4.4.2018, "Duelo entre reinas: el feo de Doña Letizia a Doña Sofía"

5 *El Pais*, 4.4.2018, "Video: Spain's Queen Letizia clashes with mother-in-law at Easter mass"

6 *Lecturas*, 31.3.2022, "Las visitas secretas de la princesa Leonor y la infanta Sofía a la reina Sofía"

7 *El Nacional*, 28.7.2020, "Así es Leonor: su habitación, ¿duerme sola o con Sofía, tiene tele o móvil?"

8 www.huffingtonpost.es, 24.4.2020, "El Pabellón del Príncipe, la casa en la que Leonor y Sofía llevan más de un mes confinadas por el coronavirus"

9 *Hello!*, 4.4.2013, "Princess Leonor preparing for her role as Spain's future queen"

10 www.atlanticcollege.org

11 *El País*, 11.2.2021, "Spain's Princess Leonor to study in Wales"

12 *La Razón*, 2.4.2016, "Leonor, la reina del violonchelo"

13 *El Español*, 24.11.2020, "Para Letizia un perro no es el mejor amigo del hombre: no permite que la mascota Sara entre en casa"

14 *La Razón*, 2.4.2016, "Leonor, la reina del violonchelo"

15 *El Mundo*, 29.4.2014, "Los secretos de Sofía, la benjamina de los Príncipes de Asturias"

16 Ebd.

17 *Diez Minutos*, 31.10.2020, "15 curiosidades que debes conocer de Leonor en su año más decisivo"

18 *El Español*, 31.10.2019, "El 14 cumpleaños de Leonor: de la fiesta de Halloween a sus ensayos del discurso en catalán"

19 *El Nacional*, 3.1.2022, "La princesa Leonor quiere volver 'ya' a Gales: así es el chico que le gusta"

20 *El Mundo*, 3.3.2018, "Alonso Guerrero, la vida normal del ex marido de la Reina Letizia"

21 *El Mundo*, 29.4.2014, "Los secretos de Sofía, la benjamina de los Príncipes de Asturias"

22 *Diario Sur*, 1.6.2011, "Letizia Ortiz pide consejo a 'Supernanny'"

23 *Diez Minutos*, 31.10.2020, "15 curiosidades que debes conocer de Leonor en su año más decisivo"

24 *El Mundo*, 29.4.2014, "Los secretos de Sofía, la benjamina de los Príncipes de Asturias"

25 *Diario Femenino*, 2.4.2011, "Letizia Ortiz, la 'jefa' del Rey Juan Carlos, le da órdenes"

26 *Vanitatis*, 8.6.2012, "La Perfetta Letizia"

27 *El Español*, 31.10.2019, "El 14 cumpleaños de Leonor: de la fiesta de Halloween a sus ensayos del discurso en catalán"

28 *Diez Minutos*, 20.5.2015, "La Primera Comunión de Leonor paso a paso"

29 *El País*, 26.2.2006, "Células madre de la infanta Leonor se conservan congeladas en Arizona"

Ingrid von Norwegen
Die Actionprinzessin

1 Wenn nicht anders angegeben, stammen die Zitate in diesem Kapitel aus den Reden am Tag der Konfirmation. www.royalcourt.no

2 Ebd.

3 Im Podcast "Suksess med Jan Thomas", Folge 12

4 Der Hof bestätigte nur den Kauf, nie den Preis. Die genaue Summe aber verriet Vorbesitzer Finn Sørensen dem Norwegischen Rundfunk (NRK), 20.8.2008, "Idyll til ni millioner".

5 www.klikk.no, 30.4.2017, "Kongelig ferie i nybygd hytte"

6 Das verriet sie in ihrem ersten TV-Interview mit dem Sender NRK, https://tv.nrk.no, 21.1.2022, "Prinsesse Ingrid 18 år".

7 Ebd.

8 Ebd.

9 Ebd.

10 Das sagte ihr Vater in seiner Konfirmationsrede, www.royalcourt.no

11 Mit dem Sender NRK, 24.10.2018, "Kronprinsesse Mette-Marit rammet av kronisk sykdom"

12 Mette-Marit in ihrer Konfirmationsrede für Ingrid im Jahr 2019, www.royalcourt.no

13 https://radio.nrk.no, 21.2.2021, "H.K.H. Kronprinsesse Mette-Marit, cowboystøvler og dabbing"

14 Das sagte sie in ihrem ersten TV-Interview mit NRK, 21.1.2022, "Prinsesse Ingrid 18 år".

15 https://www.seoghoer.dk/kongelige/prinsesse-ingrid-alexandras-hemmelige-kaereste-afsloret

16 Ebd.

17 Ebd.

18 4.11.2010, "Kronprinsparet tar barna ut av skolen og drar på to måneders ferie"

19 www.royalcourt.no

20 NRK, 22.8.2001, "Bruden bekreftet sin fortid"

21 Im TV-Interview mit NRK, 21.1.2022, "Prinsesse Ingrid 18 år"

22 Ebd.

23 Ebd.

24 2016 ließ Haakon dem *Dagbladet* über seine Pressesprecherin ausrichten, er verfüge über ein Privatvermögen von neun Millionen Kronen, umgerechnet rund eine Million Euro, "Kronprins Haakon åpner opp om sin private formue"

25 *Se og Hör*, 11.9.2021, "Norsk prinsesse afslører: Havde overraskende job"

26 *Dagbladet*, 13.4.2000, "Hett og seriøst mellom Haakon og Mette-Marit"

Amalia der Niederlande
Die Feinfühlige

1 *Hello!*, 29.10.2003, "Máxima to give birth one month earlier"

2 *Trouw*, 8.12.2003, "Een trotse vader toont 'de mooiste baby van de wereld'"

3 Ebd.

4 Claudia de Breij, *Amalia*, Verlag Uitgeverij Pluim, 16.11.2021

5 In ihrer Biografie *Amalia*, Claudia de Breij, Verlag Uitgeverij Pluim, 16.11.2021

6 *RTL Boulevard*, 20.4.2020, "Zo veel kostte de renovatie van Paleis Huis ten Bosch"

7 Das erzählt sie in ihrer Biografie *Amalia*, Claudia de Breij, Verlag Uitgeverij Pluim, 16.11.2021.

8 Ebd.

9 AD, 11.1.2016, "'Voor Amalia is het lastig om fietsend naar school te gaan'"

10 https://www.bunte.de/royals/niederlaendisches-koenigshaus/amalia-der-niederlande-wirbel-um-ihre-studentenwohnung.html

11 *Ditjes en Datjes*, 24.11.2021, "HIER mixte Amalia in het geheim haar cocktails"

12 Claudia de Breij, *Amalia*, Verlag Uitgeverij Pluim, 16.11.2021

13 *RTL Boulevard*, 7.12.2018, "15 dingen die je nog niet wist over de jarige prinses Amalia"

14 Ebd.

15 Claudia de Breij, *Amalia*, Verlag Uitgeverij Pluim, 16.11.2021

16 *Nouveau*, 18.4.2019, "Schrijft prinses Amalia mee aan musical?"

17 *Nouveau*, 11.12.2019, "Zo zag Amalia's musical eruit"

18 Claudia de Breij, *Amalia*, Verlag Uitgeverij Pluim, 16.11.2021

19 15.12.2021, "Verjaardagsfeestje Amalia loopt uit de hand"

20 *Shownieuws*, 25.2.2020, "Prinses Alexia laat zich gaan in Lech: 'Kut, kut!!'"

21 *De Morgen*, 20.10.2021, "Privéfoto's van feestende Nederlandse prinses Alexia rollen over de tong in Nederland. Eigenlijk hadden de beelden nooit verspreid mogen worden"

22 Claudia de Breij, *Amalia*, Verlag Uitgeverij Pluim, 16.11.2021

23 30.1.2019, "El Instagram secreto de Amalia de Holanda que revela una de sus grandes pasiones"

24 Claudia de Breij, *Amalia*, Verlag Uitgeverij Pluim, 16.11.2021

25 *Vanity Fair*, 23.8.2018, "Así educa Máxima de Holanda a sus hijas: libertad para cometer errores y nada de móvil en vacaciones"

26 Ebd.

27 *Vanity Fair*, 23.8.2018, "Así educa Máxima de Holanda a sus hijas: libertad para cometer errores y nada de móvil en vacaciones"

28 *RTL Boulevard*, 26.6.2021, "Prinses Alexia wordt 16: wat weten we eigenlijk over haar?"

29 *Vanity Fair*, 23.8.2018, "Así educa Máxima de Holanda a sus hijas: libertad para cometer errores y nada de móvil en vacaciones"

30 Claudia de Breij, *Amalia*, Verlag Uitgeverij Pluim, 16.11.2021

31 Ebd.

32 VRT NWS, 28.4.2019, "Prinses Amalia (15): 'Af en toe onwerkelijk voor mij om te realiseren dat dit echt mijn leven is'"

33 AD, 8.12.2021, "Prinses Amalia in haar eerste persconferentie: 'Er is geen school voor koningin worden'"

34 *Blauw Bloed*, 28.11.2021, "Interview: Beatrix weet zeker dat Amalia opgroeit tot verstandig mens"

35 *Het Nieuwsblad*, 29.4.2018, "'Te dike' Nederlandse prinses Amalia krijgt Twitter over zich heen"

36 *La Nación*, 22.7.2020, "Revista Caras: fuerte reacción a la tapa que habla del cuerpo 'plus size' de la hija de Máxima"

37 *Vanitatis*, 20.1.2021, "Nuevo revuelo en Holanda por la princesa Amalia: un programa se burla de su físico"

38 Claudia de Breij, *Amalia*, Verlag Uitgeverij Pluim, 16.11.2021

Christian von Dänemark
Der Partyprinz

1 *Billed Bladet*, 20.1.2011, "Kongeligt tilbageblik: Den dag prins Christian blev født"

2 *Expressen*, 28.9.2019, "Drottning Margrethe: 'Jag är ingen bra farmor'"

3 Nachzulesen im Bildband *Amalienborg*, Gyldendal-Verlag, 2013

4 Ebd.

5 *Schweizer Illustrierte*, 22.2.2020, "Das sagen Nachbarn über die Dänen-Royals in Verbier"

6 *Berlingske*, 30.8.2021, "Dronningens budget i 2022 bliver mindre"

7 *Billed Bladet*, 28.1.2022, "Mary om svær oplevelse med Christian: Det var hårdt"

8 herlufsholm.dk

9 *Billed Bladet*, 16.7.2021, "Europas unge kongelige: Så meget ændrer sig efter sommer"

10 https://www.gala.de/royals/skandinavier/prinz-christian--auch-seine-neue-schule-hat-eine-haessliche-vergangenheit-22905776.html

11 *Now To Love*, 26.10.2020, "'The alarm bells are ringing': Inside Crown Princess Mary's fears for her son Prince Christian"

12 *Her & Nu*, 23.10.2021, "Prins Christians vilde nat: Fester på slottet"

13 4.3.2022, "Champagnevideo med prins Christian florerer på nettet – nu reagerer Kongehuset: 'Det falder helt inden for skiven'"

14 TV 2, 21.5.2018, "Mentor afslører: Skandale førte til, at kronprins Frederik blev maratonløber"

15 Gitte Redder, Karin Palshøj, Høst Verlag

16 *Parade*, 19.4.2009, "Do We Need Royalty in the 21st Century?"

17 DR, 30.10.2017, "'Ødemarkshalløj' bragte dronning Margrethe og Frederik tættere sammen"

18 Politikens Forlag

19 OM TV 2, 6.2.2022, "Mary 50 år – vi fejrer Danmarks kronprinsesse"

20 *Now To Love*, 26.10.2020, "'The alarm bells are ringing': Inside Crown Princess Mary's fears for her son Prince Christian"

21 Statista

22 *Expressen*, 28.9.2019, "Drottning Margrethe: 'Jag är ingen bra farmor'"

23 *Billed Bladet*, 13.6.2021, "Glad prins Christian: Sådan har farmor forberedt mig"

Elisabeth von Belgien
Die Kämpferin

1 *De Telegraaf*, 7.5.2001, "Belgische prinses Mathilde zwanger"

2 *De Standaard*, 26.10.2001, "Gelukwensen voor prinses Elisabeth"

3 *Het Laatste Nieuws*, 1.6.2019, "Vanop de catwalk tot het tennisveld: zo leerden deze koninklijke koppels elkaar kennen"

4 *Royal Central*, 25.10.2019, "Who is Princess Elisabeth, Duchess of Brabant?"

5 *Nieuws*, 23.5.2020, "Prinses Elisabeth afgestudeerd in middelbaar"

6 Ebd.

7 VRT NWS, 20.5.2020, "Kroonprinses Elisabeth kiest na Wales voor militaire opleiding in België: waarom doet ze dat en wat houdt het in?"

8 *Bild*, 17.9.2021, "So rödelt die royale Rekrutin"

9 *BamS*, 1.8.2021, "Hier hängt eine echte Prinzessin ab"

10 VRT NWS, 30.7.2021, "Kronprinzessin Elisabeth beendet ihre militärische Ausbildung auf den Felsen in Marche-les-Dames"

11 *Daily Mail*, 4.10.2021, "A royal Fresher's Week! Princess Elisabeth of Belgium, 19, goes punting and studies in the library as she begins Oxford degree in history and politics after a stint at Hippie Hogwarts in Wales"

12 www.ox.ac.uk

13 VRT NWS, 24.10.2021, "Elisabeth wordt 20, maar wie is onze kroonprinses? 'Heel bijzonder', getuigen haar pianolerares en balletjuf"

14 Ebd.

15 *Nieuws*, 8.11.2018, "De man die de koninklijke familie leert schilderen: 'Mathilde heeft al model gespeeld voor Filip'"

16 VRT NWS, 24.10.2021, "Elisabeth wordt 20, maar wie is onze kroonprinses? 'Heel bijzonder', getuigen haar pianolerares en balletjuf"

17 Ebd.

18 GVA, 24.10.2021, "Al 20 jaar in opleiding tot koningin: wat zit er achter de façade van perfectie? Intimi en getuigen over prinses Elisabeth"

19 www.monarchie.be

20 Ebd.

21 *Reformatorisch Dagblad*, 22.2.2022, "Albert en Paola vonden elkaar terug"

22 *Beau Monde*, 9.3.2021, "'Prinses Elisabeth overklast nu al alle Belgische prinsessen die haar zijn voorgegaan'"

23 *Blauw Bloed*, 16.11.2019, "'Elisabeth is het symbool van een nieuwe generatie'"

24 *Vogue*, 16.6.2021, "Introducing The Next Generation Of Stylish Young Princesses"

25 RTL Info, 25.10.2019, "'Elisabeth sait exactement ce qu'elle veut': le couturier Edouard Vermeulen admiratif de la personnalité de la princesse"

George von England
Der König der Herzen

1 *The Hollywood Reporter*, 13.7.2013, "Royal Baby to Boost British Economy by $400 Million"

2 Das erzählte Kate im Februar 2020 im Podcast *Happy Mum, Happy Baby* mit Giovanna Fletcher.

3 imperialprivatehealthcare.co.uk

4 Im Podcast *Happy Mum, Happy Baby*

5 *Daily Mail*, 11.10.2021, " Touching story behind Prince George's Wood: Prince Charles reveals he named the

autumn garden at Balmoral after his first grandson when he transformed 'empty field' into an arboretum the year he was born"

6 *Hello!*, 28.9.2018, "What was Kate Middleton's net worth before she married Prince William?"

7 *The Sun*, 27.4.2020, "ROYALLY SWEET Prince George nickname for the Queen is a sweet nod to his grandad Prince Charles"

8 *Mirror*, 23.11.2020, "Kate Middleton's dog Lupo picked Prince George's name in unconventional family game"

9 *Vanity Fair*, 24.1.2021, "Prince William and Kate Middleton Secretly Adopted a New Puppy"

10 *Elle*, 31.1.2018, "Kate Middleton And Prince William Reveal They Have Ikea Furniture In Children's Bedrooms"

11 *Daily Mail*, 11.8.2014, "From Philip's daily dips to Charles's childhood boat races and now George's first swimming lessons, a peek inside the most exclusive paddling pool in Britain!"

12 2.2.2022, "12 sweetest photos of royal children and their beloved nannies"

13 *Hello!*, 3.5.2017, "The Duchess of Cambridge is teaching George and Charlotte Spanish"

14 https://www.thomas-s.co.uk/admissions/

15 *UsMagazine*, 29.7.2021, "Prince William and Duchess Kate Are 'Open' to Sending Prince George to Boarding School"

16 *The Sun*, 1.7.2020, "VEGGING OUT George, Louis & Charlotte are 'competitive over designated vegetable patches at Anmer Hall which they tend to daily'"

17 *Express*, 8.11.2021, "Camilla lays bare funny hobby Duchess shares with grandchildren – 'Hours eating peas'"

18 *Daily Mail*, 26.4.2021, "Carole Middleton is passing her love of gardening onto her grandchildren and says it's important Princes George and Louis and Princess Charlotte grow up 'appreciating nature and getting muddy'"

19 *Independent*, 11.11.2021, "Bear Grylls recalls eating live ants with Prince George: 'It was a privilege to give the future king his first ant'"

20 *Express*, 14.10.2021, "Prince George 'annoyed' at rubbish strewn on litter picking route – future king hits out"

21 *People*, 28.2.2022, "Prince George Has Been Practicing His 'Rugby Tackling' on Mom Kate Middleton"

22 *Express*, 8.7.2021, "Prince George's private tennis session with Roger Federer: 'He had a good swing'"

23 *People*, 22.10.2018, "Prince William Reveals 5-Year-Old Prince George Is Taking Ballet and 'Loves It'"

24 *Mirror*, 14.4.2016, "Kate Middleton says she's missing her children but says Prince George is 'too naughty' to join India tour"

25 CNN, 19.8.2013, "Prince William interview: Future king talks fatherhood, baby George"

26 *Daily Mail*, 31.10.2019, "Confident Princess Charlotte 'loves attention' compared to 'reserved' Prince George – but he's already showing signs of

becoming an 'excellent leader' royal source claims"

27 Ebd.

28 *The Sun*, 10.12.2019, "HEIRY HUMILIATING How Prince Harry was 'so embarrassed' when Prince George sold him out for behaving oddly in front of Barack Obama"

29 *UsMagazine*, 28.7.2021, "Inside Prince William and Duchess Kate's 'Modern Approach' to Raising Future King George"

30 *Express*, 28.1.2022, "Prince George 'fascinated' by gaming – how William and Kate 'avoid his risk of eyestrain'"

31 *Daily Mail*, 23.12.2018, "Kate's last-ditch Christmas shopping trip with the children to 'the poor-man's John Lewis': George eyes up slime as his sister Charlotte behaves impeccably during visit to The Range"

32 Die einstündige Sendung ist auf YouTube zu sehen und für alle Royal-Fans empfehlenswert! Kate gibt darin viele kleine Details über ihr Familienleben preis.

33 *People*, 23.3.2018, "Kate Middleton Says Prince George & Princess Charlotte 'Really Enjoy Making' Pizza Dough Together"

34 *Hello!*, 16.10.2020, "A comforting cheesy pasta recipe Duchess Kate's children will love"

35 Fox News, 24.6.2021, "Prince William, Kate Middleton told Prince George he's the future king 'around 7th birthday': report"

36 *Hello!*, 20.4.2016, "Prince William on his 'normal family': 'I hope George loves me the same way any son does'"

37 *Mirror*, 20.4.2016, "Prince George royal mail stamp photo shoot secrets revealed by photographer who caught youngster's cheeky grin"

38 *Daily Mail*, 22.7.2014, "He's the prince of sales! Forget the 'Kate effect', Prince George is the real royal style icon … and everything he wears sells out"

39 *Forbes*, 18.7.2014, "How Britain's Prince George Is Ruling The Children's Luxury Market"

40 *Metro*, 13.7.2021, "William ›wanted George to wear England shirt to Wembley – but Kate wasn't keen‹"

Cover

Ingrid Alexandra, Estelle, Charles, Catharina-Amalia and Elisabeth: © AFP Lise Aserud/Getty Images

Louis, Catherine, Charlotte, George, William: © Chris Jackson/Getty Images

Charlène, Jacques, Gabriella: © Olivier Huitel/Crystal Pictures/dana press

Estelle: © Estelle Schweden/Linda Broström/The Royal Court of Sweden

Christian: © Prins Christian/The ROYAL HOUSE OF DENMARK/Steen Brogaard

Innenteil

Estelle von Schweden

6 © Michael Campanella/Getty Images

17 © 02056516/dana press

21 © 01985038/dana press

29 © Patrick van Katwijk/Getty Images

Jacques von Monaco

34 © Stephane Cardinale-Pool/Getty Images

41 © Stephane Cardinale/Corbis/Getty Images

47 © Olivier Huitel/Crystal Pictures/dana press

51 © 02344599/dana press

57 © LOIC VENANCE/AFP/Getty Images

Leonor von Spanien

62 © Pablo Cuadra/Getty Images

67 © Carlos Alvarez/Getty Images

71 © Carlos Alvarez/Getty Images

75 © Spanish Royal Household via Getty Images

Ingrid von Norwegen

86 © Ida Bjørvik - Handout/Getty Images

95 © Ragnar Singsaas/Getty Images

99 © LISE ASERUD/NTB Scanpix/AFP via Getty Images

109 © Per Ole Hagen/Getty Images

113 © LISE AASERUD/AFP via Getty Images

Amalia der Niederlande

116 © KOEN VAN WEEL/ANP/AFP/Getty Images

125 © Patrick van Katwijk/WireImage

129 © Martijn Beekman

137 © Michel Porro/Getty Images

Christian von Dänemark

146 © Prins_Christian_The ROYAL HOUSE OF DENMARK_Steen Brogaard

153 © Ole Jensen/Getty Images

161 © Ole Jensen/Getty Images

169 © Ole Jensen/Getty Images

Elisabeth von Belgien

172 © 02217706/dana press

177 © Patrick van Katwijk/Getty Images

183 © Frederic Sierakowski –
Royal Belgium Pool/Getty Images

189 © Patrick van Katwijk/Getty Images

George von England

196 © 02350176/dana press

201 © Chris Jackson/Getty Images

205 © Chris Jackson/Getty Images

213 © Pool/Samir Hussein/WireImage

223 © Karwai Tang/WireImage

7
10. 2. 2022 € 3,90
BUNTE
Heinz Hoenig, 70
Exklusive Fotos von seinem Baby-Glück
Michelle Hunziker
Welche Rolle Eros bei ihrer Scheidung spielt
Eros Ramazzotti
Rihanna
Ein Baby krönt ihre Liebe
Queen Elizabeth II. & Camilla
Herzogin Kate
Das große Palast-Beben
Die Queen hat offiziell bestimmt: Camilla wird Königin! Damit platzt die große Hoffnung von Kate und William als junge Thronfolger

IMPRESSUM

Das große BUNTE Königskinder Buch
ISBN 978-3-9824351-3-8
1. Auflage 2022

BUNTE Bücher – BUNTE Entertainment Verlag
BUNTE Entertainment Verlag GmbH
Arabellastr. 23, 81925 München
www.bunte-magazin.de

In redaktioneller Zusammenarbeit mit Eden Books

Text: Anna Butterbrod
Lektorat: Katharina Theml
Korrektorat: Rotkel. Die Textwerkstatt
Umschlaggestaltung: FAVORITBUERO, München
Layout: schaefermueller publishing GmbH
Satz: Datagrafix GSP GmbH, Berlin | www.datagrafix.com
Druck und Bindung: optimal media GmbH, Glienholzweg 7, 17207 Röbel/Müritz

Im Vertrieb der Edel Verlagsgruppe GmbH
Neumühlen 17, 22763 Hamburg
buchvertrieb@edel.com

Printed in Germany

Der BUNTE Entertainment Verlag unterstützt bei der Produktion dieses Buches das Projekt “Junge Riesen für die nächsten 100 Jahre”. Damit wird ein Anteil der unvermeidbaren CO_2-Emissionen im direkten Umfeld des Produktionsstandortes kompensiert.